축구에 관한 모든 것

17 스캔들

축구에 관한 모든 것 시리즈
17 스캔들

초판 1쇄 발행 _ 2015년 04월 03일
지은이 _ 권동훈
펴낸이 _ 김명석
편집인 _ 김영세
표 지 _ 김영세
마케팅 _ 김미영
제작인쇄 _ 정문사
펴낸곳 _ 도서출판 엘티에스 출판부 "사람들"
등 록 _ 제2011-78호
주 소 _ 서울시 관악구 신림동 103-117번지 5F
전 화 _ 02-587-8607
팩 스 _ 02-876-8607
블로그 _ http : //blog.daum.net/ltslaw
이메일 _ ltslaw@hanmail.net

* 이 책의 판권은 지은이와
  도서출판 엘티에스 출판부 "사람들"에 있습니다.
  양측의 서면 동의 없는 무단전재 및 복제를 금합니다.
* 저자와의 협의하에 인지는 생략합니다.
* 축구에 관한 모든 것 시리즈(전50권)는
  2016년 12월 완간을 목표로 하고 있습니다.
* 축구에 남다른 열정을 가진 분이라면 누구나
  이 시리즈의 저자가 될 수 있습니다.

ⓒ 2015
저자 이메일 battlman77@naver.com
ISBN 978-89-97653-89-8   14690
정가 10,000원

Series 17

soccer

축구에 관한 모든것

17 스캔들

권동훈 저

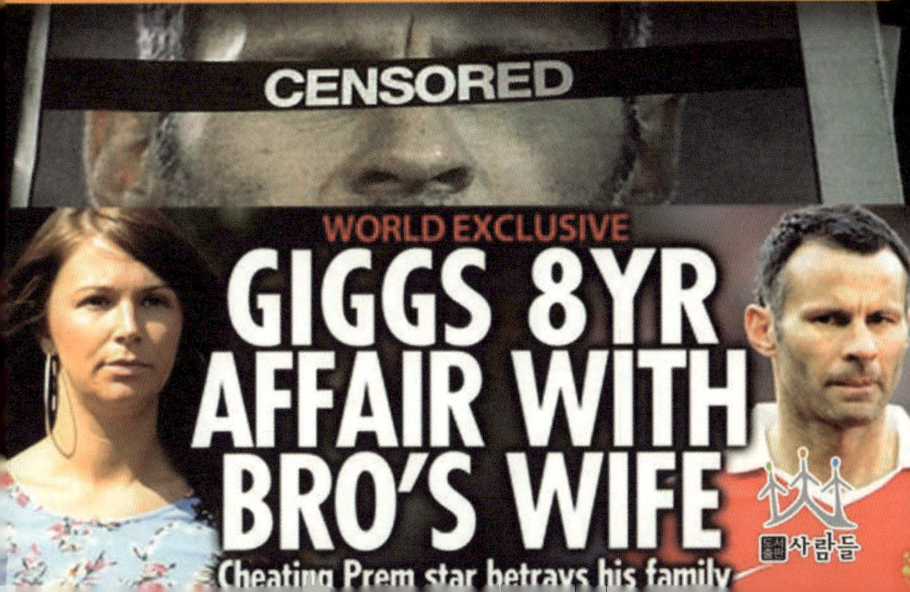

WORLD EXCLUSIVE
GIGGS 8YR AFFAIR WITH BRO'S WIFE
Cheating Prem star betrays his family

차 례

[서문] 스캔들 : 우리가 알아야 할 축구 이야기

제1장 나는 네가 지난 여름에 한 일을 알고 있다   11

1. 약물 ·· 13
   도핑 ··· 13
   도핑 사례 ··· 16
2. 술 ·· 36
   가린샤 ··· 36
   조지 베스트 ·· 39
   폴 개스코인 ·· 42
   토니 아담스, 폴 머슨 ······································ 44
   아드리아누 ·· 46
   1995년 코리아컵, 2007년 아시안컵 ················ 50
 • Episode1 〈도핑테스트, 쫓고 쫓기는 자들의 영원한 싸움〉 ············ 53

제2장 거친 남자들의 향연   57

1. 선수 VS 지도자 ·· 59
   박종환 ··· 59
   부천FC 코치 ·· 61
   가투소 ··· 63
   베컴과 퍼거슨 ··· 65
2. 선수 VS 심판 ·· 68
   쿠웨이트 프로축구 ·· 68
   네덜란드, 미국 유소년축구 ···························· 70
   브라질 심판 공개처형 ····································· 72

3. 선수 VS 선수 ··· 74
　이영표 ··· 74
　이을용 ··· 77
　리베리 ··· 80
　벨라미 ··· 82
　지단, 마테라치 ·· 85
　로이 킨 ·· 88
4. 선수 VS 팬 ··· 91
　안정환 ··· 91
　이천수 ··· 93
　에릭 칸토나 ·· 95
　조이 바튼 ·· 97
• Episode2 〈미워도 미워할 수 없는 그〉 ······························ 101

제3장 남녀상열지사　　　　　　　　　　　　　　103

1. 가린샤 ·· 106
2. 호나우두 ·· 108
3. 베켄 바우어 ·· 111
4. 올리버 칸 ··· 113
5. 라이언 긱스 ·· 115
6. 데이비드 베컴 ··· 118
7. 웨인 루니 ··· 121
8. 존 테리 ·· 124
9. 크리스티아누 호날두 ·· 128
10. 에브라 ·· 131
11. 리베리, 벤제마 ·· 133
• Episode3 〈섹스 중독이라는 어두운 터널〉 ·························· 135

제4장 가지 많은 나무에 바람 잘 날 없다더니　　　　139

1. 역사를 바꾼 '신의 손' ·· 141
　디에고 마라도나 ·· 141

티에리 앙리 ··· 144
  루이스 수아레스 ·· 146
 2. 기행(奇行) ··· 148
  치(齒)아레스 ·· 148
  기성용, 루니, 무투 ·· 151
  짬짜미 당한 박은선 ······································· 155
 3. 목숨 건 축구 ·· 157
  로하스 자해 사건 ·· 157
  안드레스 에스코바르 피살 ······························ 160
  네이마르 부상, 수니가 협박 ···························· 161
 4. 인종, 국가주의 ··· 164
  알베스와 바나나 ·· 164
  카티디스의 나치 경례 ···································· 166
  독도 사나이 박종우 ······································· 168
  온두라스, 엘살바도르 축구 전쟁 ····················· 170
 • Episode4 〈평화 전도사 '드록신'〉 ·················· 174

제5장 검은 뒷거래   177

 1. 승부 조작 ··· 179
  1978 아르헨티나 월드컵(페루-아르헨티나) ······· 179
  세리에A '칼치오폴리' ···································· 181
  K리그 ·· 185
 2. 피파 '패밀리' ·· 188
  피파의 시작 ·· 188
  진흙탕 선거전 ··· 191
  패밀리의 비리 ··· 203
  ISL 파산 ·· 212
  마스터카드, 비자와 이중계약 ························· 214
 • Episode5 〈페어플레이를 외칠 자격〉 ·············· 217

 후문. 미생(未生) ··· 221

필자 서문

스캔들: 우리가 알아야 할 축구 이야기

"뭐? 크리스티아누 호날두가 뭇 여성과 동시에?!"

정보가 범람하는 요즘 우리는 자의 혹은 타의에 따라 몰라도 될 남의 사생활을 쉽게 접한다. 때로는 여기에 참견을 일삼기도 한다. 대중은 크리스티아누 호날두가 미모의 여성과 데이트한 사실을 두고 왈가왈부할 필요가 있을까.

우리는 흔히 유명인의 열애설을 스캔들이라 부른다. 그러나 이는 잘못된 용어 사용이다. 이는 마치 플래카드(placard-현수막, 짧은 펼침막)를 플랜카드(plancard-계획을 써 놓은 카드?)로, 혹은 골 셀러브레이션(goal celebration-골 넣은 뒤 선수가 자축하는 행위)을 골 세레모니(goal ceremony-골 의식?)로 부르는 일과 같은 실수다.

호날두의 데이트에 관한 소식은 '가십(gossip)'이다. 만약 호날두가, 크리스 브라운이 리한나(미국 R&B 가수)를 폭행한 것과 같은 비판받아 마땅한 일을 저질렀다면 이는 스캔들이 될 수 있다. 여기에 바로 '사회적 질타를 받을 만한 유명인이나 공인의 부도덕한 행동이나 사건'을 의미하는 스캔들(scandal)의 정의가 있다.

'너'만은 부디...

　물질 만능주의가 만연한 오늘날 무엇 하나 원석 같은 순수한 것이 있으랴. 그래도 자신이 좋아하는 운동이 하나쯤 있다면 그것만은 본연의 스포츠 정신을 잃지 않길 원하리라. '태양'의 '넌 나만 바라봐' 노래처럼 내가 세상에 찌들어도 너만은 순수하게 남길 바라는 일종의 마지막 보루라고나 할까. 그런데 잉글랜드를 기점으로 하여 막대한 석유 자본이 들어오기 시작하면서 순수하게 남아주길 바랐던 '그녀(축구)'는 조금씩 돈맛을 보기 시작했다. 아브라모비치나 만수르(첼시와 맨체스터 시티 구단주)로 대표되는 오일머니가 마뜩잖다. 그들이 그녀를 자꾸 유혹하는 모양새를 보자니 심기가 영 불편해진다. 몸값 제한을 과감히 시행해 그녀의 순수함을 지켜주고 싶은 마음이 간절하다.

　막대한 자본의 유입이야 분야를 막론하고 현대 사회 어느 곳에서나 있는 일이다. 오히려 물질적 원조를 통한 축구의 도약을 반기는 사람들도 있으니 그렇게 슬퍼할 일도 아니다. 그보다는 거친 풍파 속에서 여러 번 주저앉은 축구의 과거가 정말 슬퍼할 일이다. 조금 더 정확히 하자면 우리가 주저앉혔다는 표현이 맞겠다. 돈, 정치, 권력 아래 축구는 다양한 용도로 이용되었고 앞으로도 그럴지 모른다.

　그럼에도 축구가 어떻게든 살아남아 우리 옆을 지킬 것이라는 믿음을 져버릴 수 없다. 모든 일에는 '경험치'가 필요하지 않은가. 시대의 아픔과 변화 속에서 축구는 조금씩 성숙할 것이다. 기쁨의 눈물, 삶의 희망이 되어 앞으로도 온 누리를 들썩이게 할 것이다.

여러분에게

한 사람을 알아가는 데 그 사람이 무엇을 좋아하고 싫어하는지 알아가는 과정은 반드시 필요하다. 이에 못지않게 중요한 다른 하나는 바로 상대의 발자취를 따라가 보는 일이다. 어떤 어려움이 있었고 그때마다 어떻게 극복해 왔는지 헤아리면서 우리는 그 대상을 바로 볼 수 있다.

이것이 비단 사람 사이의 일일 뿐이겠는가. 축구를 향한 우리의 마음도 마찬가지리라. 아무도 모르게 슬쩍 지나간 일부터 전 세계를 떠들썩하게 했던 사건까지 축구계에는 그동안 수많은 일이 있었다. 모름지기 축구를 좋아한다면 하나도 놓쳐서는 안 될 역사라고 할 수 있다. 축구를 향한 팬들의 진심어린 발걸음에 이 책이 함께하길 바란다.

우리가 알아야 할 축구 이야기

'Scandal'이라는 이 짧은 단어는, "과연 책을 마칠 수 있을까?"라는 단순했던 의구심을 현실로 만들어 준 마법의 주문이 되었다. 바라건대, 이 책이 어디선가 책장을 넘기고 있을 여러분을 한시도 지루하게 만들지 않도록 또 한 번 마법을 일으키길 기대한다.

제1장
나는 네가 지난 여름에 한 일을 알고 있다

제1장 나는 네가 지난 여름에 한 일을 알고 있다

1. 약물

도핑

• 도핑이란

　세상엔 수많은 종류의 스포츠가 있다. 하는 모습과 방법은 제각각일지라도 궁극적으로 하나의 공통된 결과를 향해 나아간다. '누가 이기고 지느냐'의 문제로 말이다. '신성한' 스포츠를 너무 1차원적으로 접근한 게 아니냐고? 그러나 프로선수들에겐 자신의 생사가 달린 문제다. 승부의 세계는 '이미 돌아선 그녀의 마음'처럼 언제나 냉정하다.

　그래서일까. 각 종목별로 역대 최고라는 칭호를 받던 선수들이, 알고 보니 약물의 힘을 빌렸더라는 이야기가 심심찮게 들리곤 한다. 인간탄환이라 불린 100m 육상의 벤 존슨, 고환암을 이겨내고 정상의 자리를 다시금 탈환해 전 세계인으로부터 존경을 받았던 사이클의 간판스타 암스트롱은 그래서 팬들에게 큰 충격을 주었다. 영점 몇 초 차이의 승부에 수년간의 노력이 증명되는 그들의 세계에선 약물은 거부하기 힘든 유혹이다.

흔히 약물 검사를 가리켜 우리는 도핑테스트라 부른다. 여기서 도핑은 영어 doping을 이르는 말로 운동선수가 경기능력을 일시적으로 높이려고 호르몬제나 신경안정제, 흥분제 같은 약물을 사용하는 행위를 뜻한다. 그리고 어원인 'dope'는, 마약 혹은 경주마나 운동선수의 기록을 높이기 위해 쓰는 약물 자체를 일컫는다.

도핑을 하면 일시적으로 경기 성적은 올릴 수 있다. 문제는 이것이 자신의 의지대로 나오는 힘이 아닌 약물에 의존한 단순한 신체적 반응에서 오는 결과이기 때문에 본인도 모르게 자신의 한계치를 넘는다는 사실이다. 그래서 경기 중 약물 반응으로 선수가 사망하는 사건이 생기고 약물 중독에 이르는 안타까운 일도 벌어진다. 더불어 페어 플레이(fair play), 즉 공정한 승부라는 스포츠의 기본 정신에도 어긋나기 때문에 약물 스캔들에 얽히는 선수는 팬들로부터 엄청난 비판을 감수해야 한다.

그럼에도 약물의 유혹을 뿌리칠 수 없는 이유는 승부의 세계에서 오로지 1등만 기억한다는 슬픈 현실 때문일 것이다. 2등은 역적이 되는 냉혹한 스포츠계. 약물 사용이 선수들에겐, 느껴보지 않고선 감히 짐작조차 할 수 없을 압박감을 떨쳐내는 일종의 탈출구라고 한다면 적절한 비유일까. 한 번쯤은 그들이 왜 약물에 의존하게 되었는지 귀 기울여보는 일도 나쁘지만은 않을 듯싶다.

• 반(反)도핑 물결

축구 월드컵에서 최초로 도핑 테스트를 실시한 때는 66년 영국 월드컵에서였다. 국제축구연맹(FIFA)은 경기 직전과 직후 양팀 2명씩을 무작위로 검사받도록 했다. 축구 선수 중 최초 약물 복용자로 기록된 사람은 북아메리카의 아이티 국가대표였던 에른스트 쟝 조세프라는 선수였다. 그는 74 서독월드컵에서 이탈리아와 경기 후 실시한 검사에서 페닐메트라진이 함유된 흥분제를 먹은 사실이 드러났다.

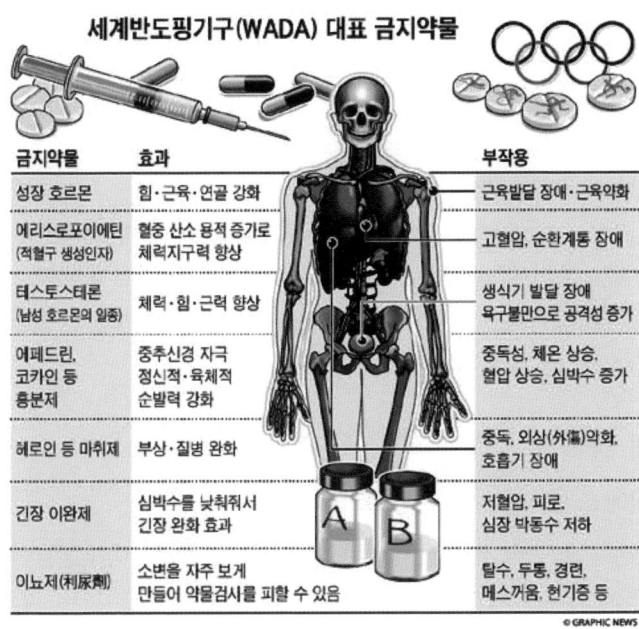

이로부터 40여년이 지난 현재 도핑에 반대하는 움직임은 더욱 강화되고 있다. 존 파헤이 세계반도핑기구(WADA-World Anti Doping Agency) 의장은 2013년 남아프리카공화국에서 열린 국제도핑컨퍼런스에 참석해 "기존의 혈액 채취 기술은 이미 시대에 뒤떨어져 있다"라고 말하며 새 기술을 통해 몸 속 테스토스테론 수치 변화와 근육보충제 사용 여부를 전보다 더 정확히 가릴 수 있으리란 전망을 내놓았다.

반도핑에 '축구계'가 가장 먼저 나섰다. 국제스포츠기구 가운데 FIFA가 가장 먼저 새 도핑테스트 기술을 도입하기로 결정했다. 제프 블래터 회장은 성명서를 통해 "국제반도핑기구는 소변 및 혈액 채취를 통해 선수들의 불법 약물 복용 사실을 가려내기 위해 최선을 다하고 있다. FIFA 역시 그들의 전략에 적극 협조하겠다."고 하며 한층 강화된 도핑테스트를 2014 브라질월드컵에서 활용할 예정이라고 밝혔다.

그리고 6월 13일 열린 브라질월드컵. 대회가 펼쳐지는 동안 FIFA는 본선에 진출한 32개국 750여 명의 선수의 혈액과 소변 샘플을 모두 검사했다. 다행히 금지 약물에 양성반응을 보인 선수는 단 한 명도 없었다.

도핑 사례

• 디에고 마라도나

현대 축구를 주름잡고 있는 선수를 꼽으라면 축구팬들이 꼭 빠뜨리지 않고 말할 한 선수가 있다. 바로 아르헨티나의 리오넬 메시다. 어렸을 때 성장 호르몬 분비에 이상이 있었던 그는

170cm도 되지 않을 법한 몸집으로 세계 모든 수비수들을, 그야말로 바보로 만들어버리는 장본인이다. 특히 그의 드리블을 보고 있자면 마치 공이 발에 붙어 다니는 것 같은 착시현상이 들 정도로 특유의 낮고 빠른 돌파는 가히 '신의 경지'에 다다랐다고 해도 손색이 없을 정도다. 근데 종종 이 선수를 칭할 때 쓰는 표현이 있다. '마라도나의 후예'가 바로 그것이다. 마라도나는 어떤 존재였길래 축구 천재 메시를 감히 '2인자'로 만들어버리는 걸까.

▲ 마라도나가 2004년 8월 19일 쿠바의 약물 치료 병원 입원 중 코카인을 흡입하는 장면

마라도나는 어떤 수식어도 필요 없는, 그 자체가 이미 모든 걸 수식하는 선수였다. 항상 수비수 3~4명 쯤은 달고 뛰어야 직성이 풀리는, 그야말로 드리블의 귀재였던 마라도나는 펠레와 함께 한 시대를 풍미했던 전설 중의 전설이었다. 특히 월드컵 대회마다 그는 자신만의 폭풍 드리블로 상대 수비수 네 다섯쯤을 모두 허수아비로 농락하는 희대의 돌파를 보여주곤 했다.

 선수뿐만 아니라 모든 팬들의 가슴속에 영원한 우상으로 남을 축구 천재 마라도나는, 특출 난 실력으로 이미 충분한 '이슈 메이커'였다. 하지만 이것만으로는 조금 부족했던 탓일까. 그는 경기 외적인 사건으로도 사람들의 입에 자주 오르내리곤 했는데 그 중 대표적인 사건이 바로 약물 복용 스캔들이었다.

 94 미국 월드컵이 한창이던 때 마라도나는 어이없게도 대회 중간에 퇴출당하고 만다. 3차전 불가리아와 대결을 바로 앞둔 상황이었다.

 마라도나는 아르헨티나가 나이지리아에 2대 1로 승리를 거둔 6월 25일 경기 직후 약물 복용 검사를 받았고, 30일에 양성 반응 결과를 받았다. 국제축구연맹(FIFA)은 그가 금지 약물인 에페드린을 복용했다고 밝혔다. 에페드린은 자극제 또는 욕구 억제제로 사용되는 아드레날린 작용성 화합물로 일종의 마취제다. 이 사건으로 결국 남은 경기를 모두 뛰지 못했고 그의 부재 속에 치른 불가리아전에서 아르헨티나는 졸전 끝에 0대 2로 패하며 조 3위로 밀려났다. 그리고 루마니아와 붙은 경기에서도 2대 3으로 역전패하며 대회 최종 성적은 16강에 그치고 말았다.

 사실 마라도나는 91년 이탈리아 프로축구리그의 나폴리 소속으로 활약할 당시 처음 약물 양성반응 결과를 받은 적이 있었다. 이에 이탈리아 축구협회는 4월 20일 코카인을 흡입한 그에게 15개월 출장금지 처분을, 이탈리아 법원은 그해 9월 19일 재판에서 마라도나에게 징역 15개월과 벌금 3,175 달러를 선고한 일이 있었다. 그런데도 3년 뒤 미국 월드컵에서 또 다시 약물 파동을 일으킨 것이다.

이슈메이커답게 그는 당시 사건에 대해서 충격적인 말을 남겼다. 당시 아르헨티나 축구협회 회장 그론도나가 이미 자신의 약물 복용을 알고 있었다고 폭로한 것이다. 갑작스러운 마라도나의 폭로에 외신들은 재임에 성공한 그론도나 회장을 겨냥하여 날린 직격탄이라고 분석하기도 했다. 마라도나는 2010 남아공월드컵에서 8강 진출에 실패한 뒤 그론도나 회장과 마찰을 빚으며 대표팀 감독직에서 물러난 일이 있었기 때문이다. 하지만 정작 피해자인 그론도나 회장은 마라도나의 발언에 별다른 대응을 하지 않았다.

• 아드리안 무투

여기에 잦은 약물 사용으로 자신의 실력을 아깝게 썩힌 선수가 있다. 게오르게 하지[1]의 후계자, 동유럽의 티에리 앙리로 불리며 루마니아의 폭격기로 이름을 날린 아드리안 무투다. 쉴 새 없이 경기장을 누비는 체력과 광속 같은 스피드, 그리고 망설임

---

1) 1965년 2월 5일 출생. 루마니아의 전 축구 선수. 1980년대와 1990년대 유럽 최고의 공격형 미드필더 중 한 명으로 꼽히며, 터키의 갈라타사라이 SK에서는 왕이라는 의미의 "크랄 (Kral)"이라는 별명으로 불렸다. "카르파티아의 마라도나"라는 별명으로도 불리며 루마니아와 터키에서 영웅으로 칭송받았다.

없는 슈팅, 직접 골을 만들어내는 것은 물론 동료들에게 어시스트를 만들어주는 능력도 세계 정상이었던 그는 한때 루마니아의 희망이었다.

▲ 타고난 외모 덕에 모델로 활동하기도 한 무투

 2002-03년 시즌을 이탈리아 파르마에서 보낸 무투는 당시 최고의 활약을 보이며 세리에 A리그 전체에서 아드리아누와 더불어 가장 위협적인 공격수 2인방에 뽑혔다. 이때의 활약을 계기로 그는 2003년 영국 프리미어리그 첼시로 이적하게 됐다.
 하지만 뜻밖의 사고가 터졌다. 2004년 첼시 소속 당시 도핑테스트에서 코카인을 복용한 사실이 적발된 것이다. 이에 7개월 출전 정지 처분을 받았고 결국 첼시 구단으로부터 방출을 당하고 말았다. 약물 복용의 원인으로는 개인적으로 겪은 이혼 등의 사생활 문제가 꼽히기도 했다.

앞서 첼시는 1,580만 파운드(약 305억 원)의 거액을 주고 무투를 사들였다. 그러나 대변인을 통해 사회적인 책임을 다하는 일이 자신들의 역할 중 하나라고 말하며 무투를 해고하기에 이르렀다. 사들인 돈은 아깝지만 마약을 한 선수를 팀에 둘 수 없다는 확고한 의지를 보인, 최고 수준의 구단다운 결정이었다.

4년이 지난 2008년 첼시는 다행스럽게도 무투에게 지급했던 돈을 일정 부분 돌려받게 되었다. FIFA가 무투를 향해 전 소속팀 첼시에 1,400만 파운드(약 270억 원)를 배상하라는 판결을 내렸기 때문이다. 첼시는 "축구계에서 매우 중요한 결정이 내려졌다. FIFA 분쟁위원회는 약물과 관련된 사태에서 확실하게 책임 범위를 확정해주었고, 이제 우리는 무투 측으로부터 이 금액을 받을 예정"이라고 입장을 밝혔다.

무투의 '약물 사랑'은 끝나지 않았다. 2010년 또 한 번의 사건이 일어났다. 이탈리아 올림픽 평의회는 공식 홈페이지를 통해 "무투가 1월 10일 바리와의 경기에서 약물 테스트를 통해 금지약물인 시부트라민 복용 흔적이 검출됐다."고 발표했다. 시부트라민은 식욕 억제용 다이어트제로 심장마비와 뇌졸중 부작용이 있는 금지약물이다. 이에 대해 의회는 무투에게 9개월 출전정지 징계를 내렸다.

무투는 가혹한 처벌이라며 항의했다. 그의 에이전트는 "징계가 확정된다면 아드리안은 자신의 축구 경력을 끝마칠 겁니다."라고 루마니아의 〈GSP TV〉 매체에 말하기도 했다.

약물 복용 외에도 갖은 불미스러운 사고를 치던 무투는 루마니아 국가대표팀에서도 영구 퇴출 징계를 받았으며 현재(2014년)는 고국으로 돌아가 'FC페트롤룰 플로이에슈티'라는 팀에서 선수 생활을 이어가고 있다.

• 리오 퍼디난드

박지성이 맨체스터 유나이티드 소속 시절 소포로 온 한국 초코파이를 얻어먹곤 했다는 리오 퍼디난드. 언뜻 아이처럼 순수해 보이지만 그 역시도 약물과 관련된 찜찜한 과거사가 있다.

2003년 12월 19일 금요일, 리오 퍼디난드(사진)는 볼튼의 리복 구장에서 열린 약물 테스트 회피와 관련한 두 번째 심리에서 8개월 출장 금지와 50,000 파운드(한화 약 1억 원)의 벌금을 선고 받았다. 이를 두고 한편에서는 정당한 조치라며 반기는가 하면, 또 다른 쪽에서는 그 출장금지의 기간에 대해 지나친 처사라며 반대 의사를 밝히기도 했다.

사건의 발단은 그해 9월 23일에 일어났다. 일반적으로 'UK SPORT' 소속 반도핑 에이전트들은 경기 직후나 평일 훈련이 있는 날 불시에 한 구단에 방문해 선수 3명 정도의 소변 샘플을 요구한단다. 이는 10대 유스팀 선수부터 성인 선수까지 예외가 없다. 이날 평소와 다름없이 에이전트가 맨체스터 유나이티드 선수들이 훈련 중이던 캐링턴 연습구장에 통보 없이 방문했다. 그리고 리오 퍼디난드와 니키 버트 등의 테스트 참가와 샘플을 요구했다. 훈련 도중에 이 사실을 통보 받은 퍼디난드는 샤워를 마친 후 그대로 맨체스터 시내로 나가 새로 이사할 집에 필요한

물건을 쇼핑하느라 테스트 일정을 까마득하게 잊어버렸다(물론 어디까지나 퍼디난드 자신의 주장이지만 말이다).

문제는 구단의 의료담당진들이 퍼디난드에게 계속 전화를 걸었지만 그의 전화기가 꺼져 있었다는 사실이다. 규칙대로 2시간이 지난 뒤 한 명만 남기고 나머지 에이전트들은 모두 돌아갔다. 뒤늦게 테스트 소식을 안 퍼디난드는 약 3시간 후에 연락을 해 검사를 받겠다고 요청했지만 규정된 시간이 지나 결국 제안을 거부당했다고 한다. 며칠 뒤 그는 따로 검사를 받았으며 결과는 '음성', 즉 약물 무(無)복용이었다.

 rioferdy5

@phil5mith the boxes are filled with south korean sweets+chocolates!
The dentist is not gonna be happy!

▲ 한국 팬에게서 초코파이 선물을 받고 인증 사진을 올린 퍼디난드

'퍼디난드 약물 검사 회피 소동'은 국제축구연맹(FIFA) 회장 제프 블래터의 난데없는 등장으로 더욱 악화됐다. 당시 조사가 진행 중일 때 블래터 회장은 여러 차례 전보다 훨씬 엄격한 처벌을 요구하는 발언을 하며 조사 협회를 압박하기 시작했다. 그는 조사 결과에 영향을 줄 수 있는 갖가지 선정적인 말을 하며 여론을 주도했다. 맨체스터 유나이티드 구단은 이에 크게 분노하며 도핑 테스트의 일방성에 대해 강하게 비판했다.

결국 이 사건으로 퍼디난드는 8개월 출전금지와 1억원의 벌금을 피할 수 없었고, 이듬해 포르투갈에서 열린 유로2004 대회에 참가하지 못하는 아픔을 맛봐야 했다.

• 유벤투스와 지네딘 지단

"아트 사커의 창시자 지단이 약을 했다고? 그럼 그 우아한 몸짓은 다 '약빨'이었던 거야?"라고 충격을 받을 팬들이 계시다면 일단은 워워. 우리의 '중원 사령관'이 설마 그랬으려고.

약물 복용이 대개는 개인의 일탈로 발생하는 사건이긴 해도 종종 선수 본인이나 구단 의료진의 불찰로 발생하기도 한다. 예를 들자면 우리나라 선수들의 경우 새로 지은 한약에 금지약물로 분류할 만한 성분이 포함돼 있어 곤란한 상황에 빠지는 사례가 있을 수 있다. 그 억울함은 인정되지만 어쨌든 결과적으로 도핑 테스트에는 양성반응이 나왔기 때문에 잘못의 책임을 피할 수는 없다. 결국에는 "프로선수가 몸 관리에 소홀했다"라는 꾸짖음과 함께 어느 정도의 처분을 받곤 한다.

지단 역시 얼떨결에 약물 사용 의혹에 휘말린 경우다. '말총머리'로 유명했던 이탈리아의 특급 공격수 로베르토 바조와 유벤투스의 레전드로 불리는 델피에로 등도 사건에 함께 연루됐다.

사건은 AS로마 감독 등 타 구단 관계자들의 폭로로 시작됐다. 98년 즈데넥 제만 당시 AS로마 감독이 "이탈리아 1부리그 선수들이 근육강화제를 복용하고 있다"고 밝히며 사건은 걷잡을 수 없이 커졌고, 2002년 재판이 시작되면서 유벤투스를 거친 지네딘 지단, 델 피에로, 로베르토 바조 등 축구 스타들이 법정에 서야 했다.

주된 내용은, 지단이 유벤투스에 있었던 90년대 후반 당시 팀 주치의였던 리카르토 아그리콜라가 선수들에게 크레아틴과 더불어 근지구력강화약물인 에리트로포이에틴(EPO)을 지속적으로 사용했다는 것이었다. 크레아틴은 금지약물로 분류되진 않았지만, 지속적으로 사용하면 체내에서 크레아틴 멀티라는 흥분제 성격의 성분으로 바뀌기에 세계반도핑기구(WADA)는 이를 사용하지 않도록 권고한다.

당연히 지단으로서는 억울했다. 그는 "유벤투스에서 뛰던 6년 동안 크레아틴을 복용해왔다. 하지만 팀 주치의는 크레아틴에 대해서는 비타민제의 일종이라고 말해왔고, 매 시즌 70경기 이상을 소화하는 선수들에게 유용하게 사용되어 온 제품이라고 소개하였다."라고 말하며 자신의 결백을 주장했다. 재판부는 2004년 1월까지 두 차례 지단을 법정으로 불렀으나 그는 경기 일정 등의 이유로 불출석 사유서를 보내고 전화나 비디오녹화 등 다른 방법을 통해 증언하겠다는 입장을 전하기도 했다.

권유자였던 팀 주치의 리카르도 아그리콜라 역시 크레아틴을 규정에 어긋나지 않은 합법적인 약물이라는 것을 강조했으나, 법원은 이미 유벤투스 구단 측에서 근육강화제를 선수들에게 투여한 혐의를 추적하는 중이었다. 한편 지단의 뒤를 이어 그 당시 함께 유벤투스에서 선수 생활을 한 지안루카 비알리도 법정에 섰고, 그는 법원이 선수들을 '죄인'으로 간주하고 있다며 재판부에 강한 불만을 드러냈다.

 2004년 11월 재판부는 주치의인 리카르토 아그리콜라에게 징역 22개월에 벌금 2천 유로를 판결했다. 하지만 재판은 이대로 끝나지 않았다. 리카르토는 항소했고 사건은 끝날 기미가 보이지 않았다.

 그리고 1년이 지난 2005년 12월 마지막 재판이 열렸다. 판결은 '무죄'였다. 재판만 무려 5시간 가까이 진행되었고 80여 곳의 언론 매체가 취재에 나섰다. 구스타보 비첼 재판관은 유벤투스의 주치의 리카르토 아그리콜라, 그리고 구단주인 안토니오 지라우도에게 경미한 벌금형을 내리는 걸로 사건을 종결지었다.

▲ 법정에 선 주치의 리카르토 아그리콜라(오른쪽)〉

유벤투스의 변호사인 안나 키우자노는 "우리는 규정을 위반하거나 악용한 적이 없다. 우리는 결백을 증명 받았다"라고 재판 후 기쁜 마음을 감추지 않았다. 구단 팀 관계자인 지라우도는 폭로의 문을 연 당시 AS로마 제만 감독을 향해 "규정을 잘 읽어보라고 말하고 싶다."라며 의미심장한 말을 남겼다.

• **독일 국가대표팀**

운동 경기에서 극적인 승부는 종종 팬들의 기억에 마치 한 편의 영화처럼 남는다. '베른의 기적' 역시 그러했다. 이는 1954년 스위스 월드컵에서 서독[2]이 결승전에서 헝가리를 극적으로 꺾고 우승한 경기를 말한다. 당시 경기를 소재로 한 영화(The miracle of Bern, 2003)가 있을 정도로 그날의 승부는 거의 '기적'에 가까웠다.

당시 서독은 1차전에서 터키를 4대 1로 꺾었으나 2차전에서 당시 세계 최강이던 헝가리에 3대 8로 패했다. 터키와 플레이오프를 치르며 힘겹게 8강에 오른 서독은 유고슬라비아와 오스트리아를 연달아 꺾으며 결승에 진출했다. 하지만 운명의 장난이었을까. 결승전 상대는 다름 아닌 조별리그에서 서독에 참패를 안겼던 헝가리였다. 헝가리는 8강에서 브라질, 4강에서 전 대회 우승팀 우루과이를 꺾고 결승에 올랐다.

서독의 우승을 점치는 이들은 드물었다. 헝가리가 워낙 막강했고, 조별리그 대결에서도 서독을 이겼기 때문이다. 베른에서 열린 결승전, 서독은 이른 시간 헝가리에게 먼저 2골을 내주며

---

[2] 동·서 분단 국가였던 독일은 1990년 10월 3일 통일되었다.

경기 주도권을 내줬다. 그럼에도 서독 선수들은 끝까지 포기하지 않았다.

전반 10분과 18분에 연속골을 넣으며 경기를 원점으로 돌렸다. 후반이 되자 서독의 경기력은 더 살아났다. 무엇보다 이날 내린 폭우가 경기의 주요 변수였다. 전반이 끝나고 축구화 스터드[3])를 교체할 수 있었기 때문이다. 결국 후반 39분 헬무트 란이 결승골을 넣으며 헝가리를 무너뜨렸다.

그런데 독일인의 자랑이었던 이 경기가 큰 스캔들에 휘말릴 줄은 어느 누구도 예상하지 못했다. 지난 2009년 독일 축구대표팀과 관련된 충격적인 보고서가 나왔다. 이에 독일 주요 일간지 '쥐트도이체 차이퉁'이 독일대표팀의 약물 복용 역사를 담은 800페이지 분량의 연구 보고서(Doping in Germany from 1950 to today)를 단독 입수해 보도했다.

보고서에 따르면, 당시 서독 선수들은 1954년 스위스 월드컵, 1966년 잉글랜드 월드컵, 1976년 몬트리올 올림픽 등의 국제대회에서 약물을 사용했다고 되어 있다. 이전까지 서독 선수들이 어떤 약물을 투여 받은 사실은 암암리에 알려졌으나 그것이 '비타민C' 성분이라고 했기에 큰 문제는 없었다. 그러나 조사 보고서에는, 사실 그 약물이 소위 필로폰으로 불리는 '메스암페타민'으로 만들어진 각성제(Methamphetamine Pervitin)였다고 적혀 있었다.

이와 같은 약물은 세계 2차 대전 당시 독일군이 사용했던 각성제에서 유래했으며 당시 서독정부는 동독과의 체제 경쟁에서

---

3) 일명 축구화 '뽕'이라 불리는 밑 창. 당시에는 축구용품 제작 기술이 높지않아 스터드 교체 축구화를 선보인 아디다스는 이를 계기로 세계에 이름을 알렸다.

이기기 위해 이 기술을 더욱 발전시켜 왔다고 한다. 특히 서독 내무부의 지휘를 받는 '체육과학기구'가 1970년에 설립돼 약물의 연구, 개발, 사용을 주도했다고 기록되어 있었다. 보고서 작성을 지휘한 훔볼트대학 기젤러 슈피처 교수는 "약물의 연구, 개발, 투약이 체계적으로 시행되었다. 국가가 주도한 조직적 도핑이라고 부를 수 있다."고 밝혔다.

여기에 약물 효과를 더욱 높이기 위해서 무차별적인 실험이 이루어졌고 정부의 후원 아래 한 대학이 본격적으로 연구를 진행했다고 전한다. 이러한 배경을 바탕으로 근육강화 스테로이드 검사에 참여한 사람 중 여성은 물론 11살 소년도 있었다고 한다.

▲ 베른의 기적 당시 독일 대표팀

그러나 보고서는 어디까지나 기젤러 교수의 연구진에서 나온 내용이었다. 아직까지 FIFA나 두 국가의 축구협회로부터 사건에 대한 공식 성명은 나오지 않았다. 심증은 많지만 자세히 들여다보기를 피하고 있는 느낌이랄까. 제대로 된 조사가 이뤄진다면 혹시나 모든 이들이 걱정하는 '스캔들'이 사실로 드러날지도 모른다는 두려움, 또 거기서 발생할 후폭풍이 엄청날 것이므로. 보이지 않는 손이 사건을 가리고 있을 가능성을 배제할 수 없다. 베른의 기적이 일어날 때 서독과 경기를 뛴 헝가리의 전설적인 선수 페렌츠 푸스카스[4]는 입버릇처럼 이런 이야기를 하곤 했단다.

"그때 독일놈들은 동공이 아예 풀려있었다니까."

• 북한 여자 국가대표팀

'소림축구'라는 영화를 아는가. 중국 코미디 액션 영화의 대부인 주성치가 감독과 주연을 맡은 작품으로 축구에 소림권법을 접목한다는 내용이다. 극 중 상대팀으로 나오는 구단 선수들은 엄청난 자본을 바탕으로 불법 약물을 투여 받는다.

단순히 개인의 일탈이 아니라 철저한 팀 내 과학적 실험을 통해 검증받은(?) 약물을 사용한다는 점이 영화를 더욱 흥미롭게 한다. 무술을 쓰는 팀과 금지된 약을 복용한 팀의 대결, 마치 어릴 적 어느 만화에서 나왔을 법한 대결 구도다. 이 고전풍의 영화를 좋아하는 마니아들이 꽤 있을 것으로 확신한다.

---

[4] 1950년대를 풍미한 헝가리의 축구영웅. 왼발의 달인으로 불리며 A매치 85경기 84골, 리그 통산 529경기 514골을 성공했다.

▲ 영화 '소림축구' 중

그런데 그저 영화 속 이야기인줄 알았던 '팀 주도의 선수 단체 도핑'이 사실은 우리와 아주 가까운 곳에서 이뤄지고 있었다.

지난 2011년 8월 25일 FIFA는 공식 홈페이지를 통해 북한 여자 축구 대표팀의 2015 캐나다 여자월드컵 출전을 금지한다고 발표했다. 2011 독일 여자월드컵 대회 중 실시한 도핑 테스트에서 북한 선수 5명의 금지약물 복용이 드러났기 때문이다. FIFIA는 정복심, 홍명희, 허은별, 리은향 이상 4명에게는 18개월 자격 정지, 나머지 한 명인 송정순 선수에게는 14개월간 축구와 관련된 모든 경기와 행사 출전, 참여 금지 처분을 내렸다. 더불어 약물 사용을 주도한 혐의를 받은 북한 대표팀 주치의 남정애는 FIFA 반(反)도핑 규칙 12조 위반으로 6년간 자격을 박탈당했다.

이는 1994년 미국 월드컵 때 마라도나의 도핑 사건 이후 17

년 만에 다시 일어난 약물 복용 파문이라 FIFA도 굉장히 난처해했다. 제프 블래터 FIFA회장은 단단히 화를 내며 "내 목소리만 들어도 사태의 심각성을 알 수 있을 것"이라고 말했다.

이 사건에 대한 북한 대표팀의 해명은 쉽게 받아들이기 어려운, 만화 영화에나 나올 법한 이야기였다. 대회 전 평양에서 훈련을 하다가 선수 5명이 벼락을 맞았고 이들의 치료를 위해 사향노루 분비물이 들어간 한약을 썼는데, 여기에 우연히 스테로이드(근육강화제) 성분이 들어갔다는 해명이었다.

물론 FIFA는 북한의 말을 받아들이지 않았다. 첫 번째 검사 이후 양성반응을 보인 선수가 결과를 받아들이지 않을 경우 규정에 따라 12시간 내에 2차 검사를 요청할 수 있지만 북한은 재검사 기회도 스스로 흘려보냈기 때문이다.

이 사건에 대해 북한 체육계에 종사했던 어느 탈북자가 한 증언이 있다. "북한 체육성(국가체육위원회) 아래 체육과학연구소가 있다. 평양 보통강구역과 서성구역에 각각 분공장을 두었는데 여기서 운동선수용 약물을 전문적으로 생산해왔다. 주로 피로회복제나 영양제를 생산한다고 하지만 사실은 금지약물이다. 북한은 1980년대 체육성 직원들을 동독에 파견해 선진 약물 기술을 전수받았다."라고 그는 말했다.

약물 개발의 원래 목적은 북한군의 전투력을 위함이었다고 한다. 북한군은 군인들의 전투능력 향상을 위해 1970년대부터 인민군 11호 병원(육군병원에 해당)에서 약물을 생산했으며, 이것이 운동선수들에게도 이어져 한국의 상무에 해당하는 '4·25 체육단' 소속 선수들에게 주로 투약한다고 했다.

덧붙여 그는 "1991년 6월 남북이 단일팀으로 출전한 제6회

포르투갈 청소년축구선수권대회 당시 북한 리명성 단장이 남한 코치진에게 약물 사용을 제안했다가 면박을 당한 일도 있었다."라고도 밝혔다.

탈북자의 북한 약물 사용 실태는 지난 2011년 '조선일보' 취재 자료를 통해 드러난 내용이다. 다소 허무맹랑한 이야기로 보일지도 모르지만, 정황상 여러 증거들이 나왔기 때문에 지어낸 이야기로 보기는 어렵다.

외국 매체도 북한 약물 사용에 대한 또 다른 보도를 한 적이 있었다. 독일 일간지 '쥐트도이체 차이퉁'은 북한 곳곳에 들어선 약물공장에서 '필로폰'으로 알려진 암페타민이 생산되고 있으며, 고급식당에선 심지어 이를 디저트로 제공한다고 전했다.

또, "북한에서 암페타민 약물은 국가 차원에서 생산됐으나 1년 전부터 곳곳에 약물 공장이 들어섰다. 북한군은 며칠간 보초를 서는 동안 이 약물에 의존한다."라고 말하며 2차 세계대전 당시 일본 가미카제 특공대원들이 소위 '공격용 알약'으로 암페타민을 복용한 것과 같다고 설명했다.

북한에서 생산된 암페타민이 부패한 군 장교들에 의해 돈벌이 수단으로 이용된다는 점은 이미 공공연하게 드러난 사실이다. 여기에 운동선수들까지 휘말렸을 줄이야.

• 프란체스코 아체르비

"그건 나를 두 번~죽이는~거라고~"

90년대 이후 출생자는 아마 잘 모를 수도 있겠다. 국민 예능 '무한도전'에서 덜떨어진 캐릭터를 맡고 있는 정준하를 '희대의 바보'로 만들어준 최고의 유행어이다. 과거 MBC '노브레인 서바이벌'이라는 프로그램에서 정준하는 모자라는 역할로 나와 자신이 억울하게 당했던 사연을 풀어놓았다. 그러곤 연신 '두 번 죽이는 거라고'를 외치며, 잠깐이었지만 당당히 스타 개그맨 반열에 오르는 기염을 토했다.

그런데 여기, 정준하만큼 억울함을 외치는 축구선수가 있다. 바로 프란체스코 아체르비다. 2013년 12월 1일 이탈리아 세리에 A 사수올로 소속의 수비수 아체르비는 칼리아리와 경기 직후 도핑 테스트를 받았다. 이게 웬걸. 결과는 양성반응, 즉 약물이 검출된 것이다. 높은 농도의 생식기 호르몬 분비 성분인 '고나도트로핀(HCG)가 발견됐다. 그는 곧 도핑 혐의로 고발당했고 이탈리아 언론으로부터 뭇매를 맞았다.

하지만 그는 오히려 억울함을 호소했다. 이탈리아 언론 'Italia Uno'와의 인터뷰에서 "저는 절대 금지 약물을 투여 받지 않았습니다. 혹여나 제가 어떤 약물을 사용했다면, 이번 검사 이전에 이미 다른 테스트를 받아서 무혐의 입증 증거를 만들어 놓았을 것입니다. 이건 저 뿐만이 아니라 제가 사랑하는 가족에게도 무척 수치스러운 일입니다."라고 말했다.

사실 과거 그는 입단 테스트를 받던 중 고환암을 발견하고 치료를 받은 일이 있었다. 치부라 할 수 있는 아픔이 다시 언론을 통해 이야기되고 인터넷에서 모욕적인 대화가 오가는 상황을 보고, 그는 상당히 화가 난 모습이었다. 아체르비는 "어떤 실제적인 상황을 알지 못한다면 어느 누구도 다른 이를 욕할 수 없다."면서 자신과 더불어 그가 사랑하는 이들을 위해 목소리를 높였다.

▲ 프란체스코 아체르비

 이후 별다른 진전 없이 '아체르비 약물 사건'은 단순한 해프닝으로 끝났다. 자신의 몸이 곧 전부인 운동선수에게 '암'이라니, 얼마나 충격이 컸을까. 사실을 전달하는 일이 언론의 존재 이유지만 가끔은 잘못된 사실을 퍼뜨려 오히려 당사자를 아프게 하는 일도 발생하곤 한다. 그가 한 말이 뇌리에 박혀 떠나지 않는다.

> *"You cannot point the finger at someone without knowing the situation."*
> 당사자의 사정도 모르는 채 그 사람을 비난만
> 해서는 안 됩니다.
> -sky sports에 실린 아체르비의 인터뷰 중-

2. 술

가린샤

 유독 축구선수 중에는 찢어질듯 가난했던 유년시절을 이겨내고 성공한 이들이 많다. 그들이 원하던 명성과 부를 얻었을 때, 이후의 행보는 보통 두 갈래로 나뉜다. 어려웠던 때를 잊지 않고 더 착실히 주위를 도우며 사는 자, 혹은 쟁취한 행복에 너무 도취된 나머지 방탕한 생활로 끝도 없이 추락하는 자.

 어렸을 때 새총으로 '가린샤'라는 새를 그렇게 잘 맞춰서 '가린샤'라는 별칭을 얻었다는 마누엘 프란치스쿠 두스 산투스(Manoel Francisco dos Santos). 그는 마치 자신의 별명을 따르기라도 하듯 한 마리의 새처럼 높이 비상했다. 그리고 끝도 없이 추락했다.

 가린샤는 이래저래 아픔이 많은 선수였다. 지적 장애자이며 여섯 살 때 소아마비도 앓았다. 무명의 동네 의사에게 다리를 잘못 맡긴 탓에 오른쪽 다리가 왼쪽 다리보다 3cm정도 긴 신체적 불편도 가지고 있었다. IQ가 33밖에 되지 않았다는 그는 놀랍게도 축구 재능 하나만큼은 펠레의 그것에 비견되곤 했다.

▲ 왼쪽 다리가 조금 더 짧았던 가린샤

특히 불균형한 양쪽 다리는 오히려 무기가 되어 수비 사이를 매섭게 돌파하는 데 도움을 줬다. 브라질 국가대표팀이 1958년과 1962년 월드컵에서 우승하는 데 큰 공헌을 한 가린샤는 선수 대부분의 시절을 브라질 클럽인 보타포구에서 보냈다. 그곳에서 그는 여전히 팀의 전설로 남아있다.

그러나 화려한 이력과는 어울리지 않게 가린샤의 사생활은 엉망진창이었다. 유난히 술을 마시고 저지른 사고가 많은데 어릴 때부터 음주를 지나치게 즐겼다고 한다. 1958년 스웨덴 월드컵 이후엔 술 때문에 지나치게 체중이 늘어 1959년 영국과 친선경기에 소집되지 못했다.

그리고 얼마 지나지 않아 어느 날 술에 취해 차를 운전하다 자신의 아버지를 차로 쳤는데, 사람들이 그를 붙잡았을 때 그는 만취상태에 거의 긴장증[5] 환자처럼 보였다고 한다. 가린샤는 이후에도 몇 차례 교통사고를 냈고 그 중에는 1969년 4월 그의 새 어머니를 차로 쳐 사망하게 한 사고도 있었다.

금전적으로 어려움을 겪던 1980년, 그의 인생 말년은 더욱 비참했다. 지나친 음주가 결국 문제가 됐다. 간경변을 얻었고 사망 전 해 여덟 차례 병원치료를 받았다고 한다. 이미 육체적 정신적으로 완전히 망가진 상태였던 그는 알코올중독으로 먼저 세상을 뜬 아버지를 따랐다. 1983년 1월 19일 가린샤는 리우 데 자네이루에서 화려했던 인생을 마감했다.

---

[5] 의식이 뚜렷함에도 주위의 자극에 반응하지 않고 표정·행동도 정지해 버리는 정신운동성 혼미 상태. 혹은 생각나는 대로 이야기하며 밖으로 뛰어나가고, 이를 저지하면 소란을 피우는 정신운동 흥분 상태를 나타내는 질환.

축구 천재의 명복을 빌며, 번외로 그와 연관된 한 가지 축구 용어를 하나 소개한다. '가린샤 클럽'이라는 말을 들어본 적이 있을 것이다. 1962년 칠레 월드컵에서 그는 한 경기에서 득점과 퇴장을 함께 기록했다. 이때부터 팬들은 한 경기에서 득점·퇴장을 모두 경험한 선수에게 "가린샤 클럽에 가입했다."라는 말을 쓰기 시작했다. 일종의 조롱이라고 할 수 있겠다. 우리나라에는 유일하게 하석주가 1998년 프랑스 월드컵 멕시코와의 경기에서 가린샤 클럽에 가입했다. 그는 왼발 프리킥으로 선제골을 넣고 상당히 들뜬 나머지 얼마 뒤 백태클을 하는 실수를 저질러 '명예의 전당(?)'에 이름을 올리고 말았다.

조지 베스트

바비 찰튼-조지베스트-에릭칸토나-데이비드 베컴-크리스티아누 호날두.

스포츠 종목을 통틀어 세계 최고의 가치를 지닌 팀, 맨체스터 유나이티드. 그곳에서 내려오는, 아무나 주지 않는다는 등번호 7번의 계보다. 정말 짱짱한 이름들이다. 하나 같이 축구 실력만큼 사생활도 파란만장했다. 어쩌면 그 자유분방함이 '7번'을 얻을 수 있는 또 다른 자격 조건이었을지도.

아무튼 그 계보의 선두급에 섰던 조지베스트는 그야말로 맨체스터 유나이티드의 전설로 불린다. 17세에 입단해 11시즌 동안 팀의 중심 선수로서 공격을 이끌었다. 특히 그는 **빠른 주력**을 무기로 수비수들의 태클에도 균형을 잃지 않으면서 돌파하는 기술이 일품이었다. 이를 두고 사람들은 그가 마치 경기장에서 춤을 추는 것 같았다고 전한다. 베스트가 활동하는 동안 맨체스터 유나이티드는 리그 우승 2회, 1967-68 시즌 사상 첫 유러피언컵 우승 등의 기쁨을 맛보았다. 특히 이 시즌동안 그는 리그에서 28골을 넣어 득점왕에 오르기도 했다.

그러나 조지 베스트는 괜히 맨체스터 유나이티드의 '7번'이 아니었다. 뛰어난 실력만큼이나 자유로운 영혼을 가졌던 그는 이런저런 사건을 많이 만들어냈다. 입단 이후 향수병에 빠져 팀을 무단이탈하고 고향인 벨파스트로 돌아가 버리는 기행을 저지르곤 했다. 그의 아버지가 설득해 팀으로 돌려보낸 일도 잦았다고 하는데, 결국 그는 팀에 한 가지 제안을 했다. 매주 경기가 끝난 후 벨파스트로 돌아갈 수 있게 비행기 왕복 티켓을 마련해 달라는 것이었다. 당시 버스비 감독은 그의 실력을 높이 인정해 제안을 수락했다고 전한다.

조지 베스트의 주위에는 항상 여자가 따랐는데, 그보다 더 좋아했던 것이 있었으니 바로 술이었다. 1971년 아버지처럼 따르던 버스비 감독이 자진 사퇴를 하면서 조지 베스트는 점점 무너졌다. 현역 생활 중에도 알코올 중독 치료 프로그램에 참여하곤 했는데, 1973년 맨체스터 유나이티드에서 나온 후부터 81년까지 8년 동안 잉글랜드와 아일랜드, 미국에서 9번이나 팀을 옮겨 다녔다. 지나친 음주 탓에 소속팀과 계약이 모두 중도 해지되는 불미스러운 일을 끊임없이 겪었다.

은퇴 후인 1984년에는 음주 운전으로 3개월 간 감옥신세를 지기도 했는데 음주 단속을 피해 도주하다가 경찰을 다치게 한 죄였다. 2002년부터는 오랜 과음으로 간 질환이 생겨 인공간을 이식해 살았다. 의사로부터 수차례 술을 입에도 대지 말라는 경고를 받았지만 그는 수십 년 동안 벗 삼은 술을 끊을 수 없었다.

결국 349경기 134골이라는 경이로운 기록을 남겨둔 채 그는 2005년 11월 25일 음주 합병증으로 세상을 떴다.

▲ 조지 베스트 사망 1주기에 맞춰 고국 북아일랜드에서 제작된 기념 화폐

당당히 매주 고향으로 돌아가는 비행기 티켓을 달라고 요구했던 맨체스터 유나이티드의 전설 조지 베스트는, '나쁘지만 미워할 수 없는' 매력적인 선수였다. 당연히 이런 묘한 매력에 끌리는 건 비단 여성뿐만이 아니었다. 감독들은 때때로 악동이지만 천재에 가까운 선수들에게 알 수 없는 심리적 동요를 느낀다는데 이를 가리켜 '조지 베스트 증후군'이라고 부른다니, 그가 세계 축구사에서 차지하는 위치가 어느 정도인지 잘 알 수 있다.

폴 개스코인

 1985년 자신의 고향팀이었던 뉴캐슬 유나이티드에서 데뷔한 뒤 폴 개스코인은 줄곧 특유의 창의적 플레이로 많은 팬을 만들었다. 그해 신인 선수상을 수상했고 3년 뒤 토트넘으로 이적해 4시즌 동안 111경기 33골을 넣으며 활약했다. 잉글랜드 국가대표로서도 활약해 1990년 이탈리아 월드컵과 유로 1996대회에서 팀을 4강에 올려놓아 잉글랜드의 '영웅'으로 추앙받았다.
 그러나 선수의 실력과 개인 사생활은 언제나 별개의 문제다. 거침없는 독설로 원조 악동이라 불린 폴 개스코인은 선수 시절에도 항상 이런저런 사회적 문제를 몰고 다녔다. 유일무이한 '유머감각'을 가진 선수였으며 래퍼였고 많은 비디오 게임의 소재가 되기도 했다. 전형적인 알코올 중독자였던 그는 과음으로 인한 자기 조절 실패와 이에 따른 조울증, 폭식증, 폐렴, 강박증과 위궤양 등 수많은 병에 시달렸다. 스스로 자살을 생각한 적이 있다고 밝혔고 아내와 아이들을 폭행했다고 인정했으며 코카인에 연루된 적도 있을 정도로 사생활은 가히 '제멋대로'였다.
 은퇴 이후 그의 무절제한 생활은 더욱 심해졌다. 경기장을 떠난 지 4년 째 되던 2008년 어느 날, 그는 아침부터 술집을 찾았다. 당연히 문은 잠겨 있었고, 그는 맞지도 않은 자신의 열쇠를 꺼내 수차례 문을 열려고 하다가 급기야는 창문을 열고 안으로 들어가려는 시도를 했다.
 이 무렵 그는 술 의존도가 상당히 높았다. 어느 날 호텔에 머문 적이 있었는데 당시 직원의 말에 따르면 하루에 에너지 음료인 레드불을 50캔이나 먹었다고 한다. 물론 맥주나 브랜디 같은 술도 빼먹지 않고 챙겨 마셨다.

  2013년 8월에는 북런던의 어느 기차역에서 음주 난동을 부리며 안전 요원을 폭행한 일도 있었다. 당시 폴 개스코인은 비틀거리며 선로 쪽으로 다가가는 자신을 도와주기 위해 온 안전 요원의 멱살을 잡고 밀쳤고, 이를 말리는 전처도 폭행했다. 그는 사건의 모든 혐의를 인정했고, 법원은 1000파운드(약 170만 원)의 벌금형을 내렸다.

▲ 병원 치료 당시 모습

  그해 영국 방송 'ITV'는 미국에서 알코올 중독 치료를 받고 돌아온 폴 개스코인을 3주 동안 밀착 취재한 프로그램을 만들어 방영했다. 방송에서 그는 "술에서 벗어나기 위해 계속 노력하고 있다. 다시 술병을 잡고 중독에 빠져 죽게 될까봐 두렵다."
고 말하며 자신의 알코올 중독에 대한 솔직한 심정을 밝혔다.
또, 그는 매년 1000파운드 정도의 돈을 쓰며 음주 욕구를 억제
하기 위한 주사를 맞고 있고 나무 박스 같은 것에 못질도 하며
마음을 다스리는 등 여러 가지 노력을 통해 알코올 중독에서 벗
어나려 노력 중이라고 말했다.

토니 아담스, 폴 머슨

Wine and friends improve with age.

혼자 마시는 술은 맛없다. 오히려 쓰기만 할 뿐이다. 술이 좋
은 이유는 그 흥취에 걸맞은 멋진 이가 함께하기 때문이다. '와
인과 친구는 오래될수록 좋다.'라는 격언처럼 멋진 술친구는 마
치 숙성된 와인처럼 깊은 향을 가진다.

토니 아담스와 폴 머슨은 둘도 없는 술친구였다고 한다. 그
들의 이야기에 앞서 짧게 두 선수를 소개하자면, 토니 아담스는
1985년 데뷔 이래 2002년 은퇴까지 오직 아스날에서만 활약을
했던 선수로서 '아스날맨'으로 불린다. 폴 머슨은 1985년부터 97
년까지 13시즌 동안 아스날에 몸 담으며 327경기 99골을 넣은
전설적인 공격수다.

90년대 초·중반 리그와 FA컵, UEFA대회를 휩쓸며 아스날이
한창 잘나가던 시절, 그 중심에 있었던 토니 아담스와 폴 머슨
은 공통적으로 술을 굉장히 좋아했다. 현재 아스날 감독인 아르
센 벵거가 부임할 1996년 전후는 팀 주장이었던 토니의 음주가
절정이었을 시기였는데, 한번 술파티를 열면 며칠은 기본이었

다. 매일 맥주 3리터 이상을 마셔대며 광란의 밤을 보냈는데 여기에 그 선봉에 섰던 또 다른 이가 바로 폴이었다.

토니는 영국 매체 '데일리미러'와 인터뷰에서 당시를 이렇게 회상했다. "어느 날 밤새도록 술을 마신 뒤 자동차 키를 잡을 수 없을 정도로 손이 떨렸다. 폴이 '손을 잡아줄까?'라며 친절하게 물었지만 난 '네 집이나 바로 잡아'라고 했다."고 전했는데, 음주운전도 서슴지 않았던 둘의 과거를 엿볼 수 있다. 폴은 도박에도 손을 뻗쳤는데 당시 그는 자신의 집을 저당 잡히고도 게임을 멈추지 않아 토니가 저렇게 충고 아닌 충고를 했다나 뭐라나.

이후 토니는 그의 아내인 제인마저 약물 중독으로 치료를 받은 사실을 알게 되자 심한 자괴감에 빠졌다. 자신의 알코올중독이 아내를 망쳐놨기 때문이다.

이 사건은 그가 새 삶을 사는 결정적인 계기가 되었다. 그리고 토니의 인생 목표는 '오늘 하루를 맨 정신으로 사는 것'으로 바뀌었다. 술을 끊고 시와 피아노를 즐기는 등 취미생활을 하며 자신을 조절하기 시작했다. 과거 자신의 행동을 돌아보고 반성하는 시간을 가지며 과거 경험을 쓴 자서전 'Addicted'도 썼다. 그렇게 조금씩 변화를 만든 토니는 언론 매체에도 출연하며 알코올 중독 캠페인에 적극 동참했다.

토니 아담스는 마침내 2000년 1월 '스포팅 찬스 클리닉(Sporting Chance Clinic)'이라는 기관을 설립해 각종 중독 문제로 고통 받는 다른 운동선수를 돕기 시작했다. 여기서는 갖가지 선수 관리 프로그램이 마련되었는데, 그들을 위한 전문 상담과 치료 과정을 운영했다. 1,500명 이상의 선수들이 이곳을 다녀갔는데 특히 축구선수로는, 악동 중의 악동 조이 바튼이 행동장애로, 아드리안 무투는 약물 중독, 매튜 에더링턴은 도박, 그리고 폴 개스코인은 알코올 중독으로 병원 신세를 졌다. 무엇보다 지난날 단짝이었던 폴 머슨도 치료를 받은 적이 있어서 서로 입장이 조금은 묘했을지도 모르겠다.

폴의 병명은 다름 아닌 '복합 중독'이었다.

▲ 알코올 세례를 연상케 하는 개스코인의 골 셀러브레이션

아드리아누

"줘도 못 먹냐?"라는 말이 있다. 미드필더들이 다 차려준 밥상에 발가락 하나도 제대로 못 갖다 대는 공격수를 욕할 때 아주 적절한 표현인데, 이는 안타깝게도 한국 대표팀의 풀리지 않

는 숙제기도 하다.

한때 브라질의 희망으로 떠올랐던 아드리아누는 전성기 시절 그야말로 '안 줘도 자기가 다 알아서 차려 먹는' 공격수였다. 얼마나 대단했던지 그의 명성은 실제 선수들을 모델로 만든 축구 게임에서도 이어졌다. 축구팬이라면 누구나 한 번쯤 해 봤을 게임인 '위닝 일레븐'에서 아드리아누 캐릭터는 일명 '사기캐(사기 캐릭터)'로 불리며 말도 안 되는 숫으로 수많은 이의 가슴을 후벼 파곤 했다.

그러나 이제 아드리아누는 할 일 없이 어슬렁거리며 살이 오를 대로 오른 동네 백수 형처럼 변해버렸다. 자기조절에 철저히 실패한 결과다. 그의 재능을 아깝게 여긴 팀들이 여러 번 기회를 줬지만 그는 매번 기회를 날렸다. 실력만큼은 '혼자서 잘 차려 먹는' 천재 수준이었을지 몰라도 사생활은 '밥상을 다 차려서 바쳐도 그대로 엎어버리는' 몰지각의 끝이었다.

1997년 브라질 플라멩고 청소년팀에서 선수 생활을 시작한 아드리아누는 특유의 천재성을 일찍부터 인정받았다. 2001년 이탈리아의 인터밀란에 입단한 뒤 주전 경쟁에서 밀려 파르마에 이적했지만 그곳에서 2시즌 동안 23골을 몰아치는 맹활약을 하며 2004년 다시 인터밀란으로 돌아왔다. 이후 3시즌 동안 꾸준한 실력을 보이며 이탈리아 세리에A 최고의 공격수 중 한 명으로 발돋움했고 브라질 국가대표팀에서도 당당히 주전 자리를 차지했다.

그러나 2006년 아드리아누는 뜻하지 않은 아버지의 죽음과 애인과의 결별 등 심리적 고통을 겪으며 급격히 추락했다. 훈련을 거부하며 나이트클럽을 전전하는 날이 많아졌고 급기야 알코올 중독 증상에 빠지게 되었다. 하루도 술을 마시지 않고서는 견딜 수 없었다. 이에 인터밀란은 그를 상파울루로 임대를 보냈고 그곳에서 그는 다시 멋진 활약을 보이며 다시 친정팀으로 복귀했다. 하지만 술로 인한 그의 독단적인 기행은 계속됐고 구단은 아드리아누와 계약을 종료했다.

2009년 아드리아누는 고국 브라질로 돌아가 플라멩고에서 다시 살아나는 듯 보였다. 그리고 이듬해 AS로마에 둥지를 틀며 이탈리아리그로 복귀를 알렸다. 그는 팀과 2013년 6월까지 계약했지만, 기한을 다 채우진 못했다. 팔 골절 부상을 치료하러 고국 브라질로 돌아갔다가 경찰의 음주 측정을 거부해 면허 정지를 당하는 등 구설수가 끊이지 않았기 때문이다. 이에 2011년 3월 9일 구단은 아드리아누를 방출했다. 위약금으로 6백만 유로(약 93억 원)를 내주면서까지 그를 방출하는 편이 낫다고 판단한 것이다.

골칫거리 아드리아누를 브라질 SC 코리안티스가 받아줬다. 이곳에서 어느 정도 적응하는가 싶던 그는 음주로 불어난 체중을 끝내 줄이지 못했다. 더군다나 훈련에도 자주 불참하는 불성실한 모습을 보여 구단으로부터 괘씸죄가 추가됐다. 계약해지는 당연한 결과였다. 구단은 애초부터 프로답지 않은 그의 행동을 염려해 기본 연봉을 낮게 책정하고 많은 기타 조항을 넣었는데 여기에는 훈련 불참 시 계약을 무효로 하는 약속이 있었다.

선수 생활이 끝나는가 싶던 아드리아누에게 마지막 기회가 왔다. 브라질 아틀레치쿠 파라나엔시 구단이 그를 품었다. 이번만큼은 체중 조절도 하고 경기도 성실히 뛰며 선수로서 마지막 불꽃을 태우는 듯 보였던 아드리아누. 또 한 번 '제 버릇 남 못주는' 실수를 저질렀다. 팀 훈련에 연속으로 불참하고는 클럽에서 술에 취해 파티를 즐기는 모습이 발각되면서 구단은 물론 팬들마저도 더 이상의 관용은 없다는 반응이었다. 선수 생활의 종착지라고 할 수 있었던 곳에서 이 문제아는 다시 방출이라는 불명예를 떠안고 말았다.

▲ 일반인(?)처럼 변한 축구 천재 아드리아누

이 정도의 자기조절 장애 수준이면 앞서 살핀 토니 아담스의 '스포팅 찬스 클리닉(Sporting Chance Clinic)'을 한 번 쯤은 방문해야 하지 않았을까.

1995년 코리아컵, 2007년 아시안컵

코리아컵 국제축구대회는 1971년부터 1999년까지 개최된 대한민국 유일의 축구대회로 출범 당시의 이름은 박대통령컵 쟁탈 아시아축구대회였다. 이는 아시아 축구 발전을 위해 창설됐지만 후에 라싱 코르도바, 오페라이우, 그리고 PSV아인트호벤 등 유럽과 남미 축구팀도 참여하며 꽤 규모가 큰 대회로 발전했다.

1995년 대회에서 한국대표팀은 준결승까지 무난하게 오르며 우승을 향한 기대감을 높였다. 하지만 예선에서 쉽게 이긴 잠비아와 다시 만난 한국은 졸전 끝에 2-3으로 패하며 대회를 3위로 마무리했다. 당시 대표팀의 지휘관으로 있었던 박종환[6]은 원래 강압적인 훈련과 선수 폭행 등의 문제로 축구계에서는 '악덕 감독'으로 유명했다. 코리아컵 때도 대표팀 선수들과 마찰이 있었던 그는 잠비아와 경기 전날 선수들이 폭음을 하는 일이 벌어졌다는 말을 스스로 언론에 흘리며 논란을 일으켰다.

하지만 단순한 소문에 불과할 줄 알았던 선수들의 음주는 축구협회 조사와 시민들의 증언으로 사실로 드러났다. 당시 국가대표팀 안에 이른 바 '열하나회'라는 모임이 있었는데 그 선수들이 중심이 되어 전날 클럽에서 술을 마시며 놀았다는 것이었다. 여기에는 2002년 주전 고참급 선수인 황선홍과 홍명보도 포함되어 있었다.

최소 6개월 이상의 출전 중지 같은 중징계를 받을 거라는 무

---

[6] 2014년 성남FC 감독을 맡으며 재기를 노렸으나 넉 달 만인 4월 16일 경기 중 또 다시 선수를 폭행하며 그는 자진사퇴했다.

성했던 소문과는 달리 조사 자체는 깊게 진행되지 않았다. 이를 두고 여러 추측이 있었지만 공통적으로 2002년 월드컵 유치와 관련한 팀 전력 유지를 위해 사건을 대충 수습하고 넘어갔다는 말이 많았다.

2007년 AFC아시안컵 때 핌 베어벡 감독의 지휘를 아래 한국은 연이은 '골가뭄'으로 인한 승부차기 졸전 끝에 승리를 쌓으며 준결승전까지 진출했고 3위로 대회를 마쳤다.

그러나 경기력보다 더 큰 문제는 대회 중 팀의 주전 선수들이 조별리그가 열리던 때 바레인과 경기[7]를 앞두고 인도네시아 자카르타 현지에서 음주 파티를 벌였다는 사실이었다. 이운재, 이동국, 김상식, 우성용 등은 숙소를 벗어나 룸살롱에서 업소 여성 도우미들과 술을 마시며 유흥을 즐겼고 사건이 보도된 뒤 이들은 눈물의 기자회견을 열어야 했다.

---

7) 당시 한국은 바레인 전에서 전반 4분만에 김두현의 골로 앞서가며 쉬운 승리를 예상했으나 43분과 85분에 내리 2골을 내주며 역전패했다.

▲ 대한축구협회 상벌위원회에 참석한 (왼쪽부터)이운재, 우성용, 김상식

　축구협회는 징계위원회를 열고 이들을 엄중 처벌했다. 이운재는 주동자라는 이유로 국가대표 자격 1년 정지, 축구협회 주관 대회 3년 출전 금지, 사회봉사 80시간의 중징계를 받았다. 다른 3명에게는 국가대표 자격 1년 정지와 대회 2년 출전 금지, 사회봉사 40시간의 처벌을 내렸다.

　값싼 유흥비로 소위 '남자들의 천국'이라 불리는 동남아시아의 매력은 대회 중이었던 선수들도 쉽게 지나치기 어려운 유혹이었나 보다. 더군다나 4명의 선수는 모두 유부남에 자식까지 있는 가장이어서 당시 국민들이 받은 충격은 더욱 컸다.

Episode1

〈도핑테스트, 쫓고 쫓기는 자들의 영원한 싸움〉

도핑(Doping)은 앞서 살핀 바대로 선수가 경기력을 높이기 위해 금지된 약물을 복용하는 일을 말한다. 18세기 남아프리카 공화국의 수렵민족인 카필족이 사냥에 나가기 전 Dope라는 술의 한 종류를 마시고 나간 데서 유래한다. 도핑은 최근 100년 사이에 급속도로 발전하기 시작했는데 초기에는 수영과 사이클 같은 순간적으로 근력이 많이 필요한 운동에 주로 발생했다. 그러나 요즘은 종목을 가리지 않는다.

과거 도핑 테스트 방법은 꽤 간단했다. 주로 사용하는 것이 마약이나 흥분제, 혹은 남성호르몬제 등 저분자 합성화합물이었기 때문에 혈액이나 소변 채취를 통한 검사만으로 충분했다. 하지만 과학이 발전함에 따라 도핑 기술도 점점 더 발전한다.

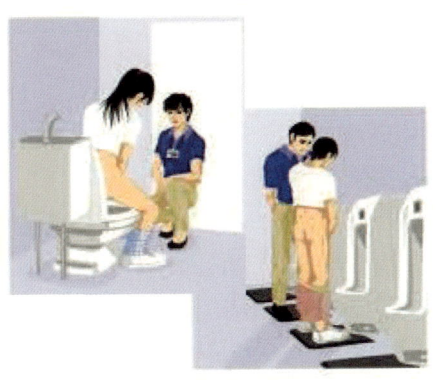

▲ 실제 도핑 검사 시 검사관은 선수의 배뇨까지 감시한다.

제1장 나는 네가 지난 여름에 한 일을 알고 있다

최근 문제가 되는 도핑을 살펴보면 3가지 종류를 들 수 있다. 첫째 약물 대신 수혈을 해서 혈중 적혈구 수를 높이는 '자가수혈 방식'이 골칫거린데, 다른 사람의 피가 아닌 자기 피를 보관했다가 맞으면 적발이 훨씬 더 힘들기 때문이다. 이 방법으로 적혈구 수를 늘려 심폐지구력을 일시적으로 향상할 수 있다. 둘째 선수 몸에 맞춰서 제작되는 '디자이너 드러그(Designer Drug)' 방법도 있는데 말 그대로 고객의 요구에 맞게 약물을 맞춤 제작해주는 것이다. 검사에 걸리지 않도록 선수 몸에 맞는 교묘한 약물을 만들 수 있다고 해 복용 여부를 가리기 어렵다. 마지막으로 단백질을 만드는 유전자를 이식하는 '진 도핑(gene=유전자)'이라는 방식도 있다. 환자 치료를 위해 개발한 유전자나 줄기세포 치료제를 도핑으로 악용하는 경우다.

이렇게 발전해가는 도핑 수법에 대항해 검사도 더욱 세밀해지고 있다. 최신 도핑 기술에 맞서 세계반도핑기구(World Anti Doping Agency)는 '선수생체여권(Athlete Biological Passport)' 제도를 도입했다. 해외를 오갈 때마다 그 사실을 기록하는 여권처럼 선수들의 생체지표를 저장해두고 변화를 살피는 제도다. 이렇게 하면 어떤 형태로든 도핑을 해서 선수 몸에 급격한 변화가 생겼을 때 발견가능성이 높아진다.

국제축구연맹(FIFA)은 2014년 브라질 월드컵을 앞두고는 새롭게 강화된 도핑 테스트 기법을 적극 받아들이겠다고 밝히기도 했다. 강화된 테스트는 월드컵 대회 중 도핑검사 횟수는 총 1000회 가까이 이르며 각 팀의 선수 23명 전원은 혈액과 소변 검사를 받아야 한다. 64번의 경기가 끝날 때마다 양 팀에서 1명씩 무작위로 골라 2차 검사가 진행되며 확실한 검사를 위해 시료를 스위스까지 보내 실수가 없도록 했다. FIFA 의료 책임자인 지리 드로락 교수는 "치열하게 진행된 도핑과의 싸움에서 불법 약물 제조를 돕는 자들이 검사진에 비해 한 발 앞서 있다는 말이 있었다. 이젠 이 말이 사실인지 아닌지 따질 때가 됐다. 새로운 제도가 강력한 도핑 억제제가 될 것이다."라며 도핑과의 전쟁에 자신감을 보였다.

제2장

거친 남자들의 향연

제2장 거친 남자들의 향연

1. 선수 VS 지도자

박종환

　한국인에게 절대 잊지 못할 축구 감독을 말해보라면, 단연 압도적으로 1위를 차지할 인물이 있다. 2002년 한·일 월드컵에서 한국 축구 역사상 앞으로도 있을까 싶은 4강 신화를 이뤄낸 사람, 바로 거스 히딩크다. 그전까지 한국은 1승도 거두지 못하는 저조한 성적으로 대회를 마쳤기 때문에 당시에도 큰 기대를 하는 사람은 드물었다. 그저 '1승만' 하는 바람이었다고 할까. '4강 신화'를 일궈내며 히딩크는 다시는 없을지도 모를 선물을 안겼고 심지어 일부 국민들은 그를 귀화시켜야 한다며 '희동구(喜 : 기쁠 희, 東 : 동녘 동, 球 : 공 구)'라는 한국식 이름까지 짓기도 했다.

　잠깐, '한국의 히딩크'라고 불리는 감독이 있는데 아는 사람이 많지 않을 것이다. '박종환'이 그 주인공이다. 그는 프로축구부터 국가대표 감독까지 이래저래 잔뼈가 굵은 지도자다. 특히

1983년 멕시코 세계청소년축구대회(현 FIFA 20세이하 월드컵) 때 한국 대표팀을 맡아 사상 첫 4강 신화를 썼다. 그리고 K리그에서는 '성남 일화'를 맡아 1993년부터 3년 연속 리그 정상을 차지하며 그야말로 '명장'의 반열에 올랐다.

박종환은 그동안 이뤄낸 성적 못지않게 다른 것으로도 유명세를 탄 축구인이다. 그것이 무엇이냐면 특유의 '상남자'스러운 지도법이니, 인터넷으로 그의 이름을 검색하면 따라오는 연관 검색어들이 따로 옮기기 곤란할 지경이다. 대표적으로 방독면 일화가 있다. 1983년 멕시코 세계청소년축구대회 때 선수들에게 해발 2000m가 넘는 멕시코의 고산지대를 적응하도록 돕기 위해 방독면을 쓰고 선착순을 하는 등 만화에나 나올 듯한 '지옥훈련'을 한 것이다. 이런 터프한 행동은 심판에게도 이어졌는데, 1989년 9월 동대문 운동장에서 열린 포항제철과의 경기에서 주심을 발로 걷어차 1년간 '출전 정지' 조치를 당했다. 이미 그전에 금성과 경기에서도 심판 판정에 거칠게 항의해 파문을 일으켰던 터라 가중 징계를 받았다.

그의 기행은 대구FC 감독 시절에도 멈추지 않았다. 2003년 7월에는 경기 종료 후 심판실에 들이닥쳐 판정에 불만을 표출하는 등 그해부터 2006년까지 4년 동안 4차례 한국프로축구연맹 상벌위원회에 오르기도 했다.

선수도 매로 다스린다는 소문을 뿌리고 다니던 박종환 감독, 결국 사고를 치고 말았다. 2014년 4월 16일 성남FC 감독으로 재임 중 성균관대와 연습경기를 가졌는데 여기서 부진했던 김성준과 김남건의 얼굴을 구타하는 장면이 팬들에게 그대로 노출되었다. 사건은 한 축구팬이 자신의 소셜네트워크 계정에 글을 올리면서 본격적으로 시작됐는데, 이후 구단 게시판에 항의하는 글이 오가고 팬들 간 싸움으로 번지기까지 하면서 큰 파장을 몰고 왔다. 처음 박종환은 폭행 사실을 부인하며 선수 격려 차원에서 가볍게 접촉이 있었다고 해명했지만 계속되는 조사와 진술에 마침내 그는 자진사퇴라는 결정을 내렸다. 다시 지휘봉을 잡은 지 4개월 만이었다.

이 사건에서 문제가 된 또 다른 부분은 기자들이 취재하기 전 코치진이 선수들과 입을 맞추며 사건을 무마하려 부정한 행동을 했다는 사실이었다. 이렇게 소위 '군부독재 시절'의 지도법이라 할 수 있는 박종환의 체벌 지도와 이후 대응법은 사회적으로 큰 비난을 받았다.

승패에만 너무 집중했던 탓일까. 팬들의 반응은 '올 것이 오고야 말았다'에 가까웠다. 박종환의 자진사퇴에 대해 심지어 같은 팀 외국인 선수인 제파로프는 'good news'라고 전하며 자신의 SNS 계정에 글을 올리기도 했다. 박종환이 성남의 지휘봉을 잡고 있던 때 "팀플레이를 못한다. 선수도 아니다"라는 혹평을 받은 제파로프라 그 심정이 다소 이해는 된다. 성남FC 재임 당시 "과거처럼 스파르타식으로 몰아치지 않는다."라고 말했던 박종환은 결국 자신과 다짐을 지키지 못한 채 쓸쓸히 감독직에서 내려와야 했다.

부천FC 코치

앞서 살핀 박종환 감독의 선수 폭행과 자진사퇴가 사회적으로 물의를 일으킬 무렵 비슷한 사건이 2부 리그인 'K리그 챌린지'에서도 일어났다.

  2014년 4월 13일 강원FC와 리그 4라운드 경기를 가진 부천 FC는 이날 경기를 꼭 이겨야만 했다. 이전 해 6월 이후 계속되고 있는 홈 15경기 연속 무승에 대한 징크스와 함께 지난 시즌부터 이어진 5연패의 사슬을 끊어야만 했기에 더욱 절체절명의 심정으로 경기에 임했다. 하지만 선수들의 뜻대로 경기가 이루어지지 않았다. 전반 2분 만에 선취골을 먹으며 부천은 이날 힘든 경기를 치렀다.

  사건은 전반전이 끝나고 쉬는 시간에 벌어졌다. 부천의 유진회 골키퍼 코치가 전반전에 실수한 선수를 응징한 것이었다. 폭행 피해 선수는 "마치 권투 선수가 샌드백 치듯 마구 때렸다."고 당시 상황을 전했다. 그는 "갑자기 코치가 샤워실로 들어와 느닷없이 주먹으로 양쪽 얼굴을 가격하고 정강이를 발로 찼으며 팔꿈치로 어깨를 내려찍었다."며 "맞으면서 얼핏 보니 문이 열려 있었다. 선수들과 감독, 스태프들이 내가 맞는 모습을 다 봤다. 위로를 받으니 더 죽고 싶었다. 경기가 끝난 후 숙소로 가지 않고 집으로 돌아왔다."라고 말해 당시 참담했던 심정을 짐작하게 했다.

  그의 몸 상태는 다음날까지도 나아지지 않았다. 두통과 함께 잇몸과 치아에 통증이 심해서 아무 것도 먹을 수 없었고 병원에서 전치 3주 진단을 받았다. 정강이를 차인 곳은 염좌 판정을 받았다.

  유 코치의 팀 내 선수 폭행은 웬만한 사람들은 이미 알고 있었던 것으로 보였다. 이전에도 훈련 중 선수가 자신의 부름에 응하지 않았다는 이유로 또 다른 선수의 얼굴과 허리 등을 주먹으로 때렸다고 전했다. 당시 이를 지켜보던 감독이 직접 나서서 코치의 폭행을 멈추게 하는 일도 있었다.

프로 선수들의 폭행 사건을 막기 위해 K리그는 일명 '클린센터'라는 신고처를 마련해 놓았다. 모든 팬과 선수, 코치진과 심판진, 그리고 임직원 등 K리그 구성원 누구에게나 열려 있는 이것은 비단 폭행 문제뿐만 아니라 불법 도박이나 승부 조작에 관한 제보도 받는다. 접수가 완료되면 연맹이 직접 조사에 들어가고 징계와 수사 고발 등 필요한 조취를 취한다.

사실 한국 스포츠계에서 선수 폭행은 어제 오늘 일이 아니다. 축구부나 여타 운동부를 가졌던 학교를 다닌 사람이라면 누구나 한두 번쯤은 또래 선수들이 집단 체벌을 받는 모습을 본 적이 있을 것이다. 아마도 한국 특유의 엄격한 위계질서와 함께 과거 군부독재 시절 폭력으로 모든 것을 다스리려던 잔재가 남아 여전히 우리사회를 병들게 하는지도 모르겠다.

클린센터 접수는 K리그 공식 홈페이지(kleague.com), 전화(02-2002-0704)나 팩스(02-2002-0670) 또는 우편(서울시 종로구 경희궁길 46 축구회관)으로 할 수 있다.

가투소

경기를 보다 가끔 '아주 성질이 괴팍한' 선수를 발견할 때가 있다. '성격이 나쁘다'라는 말로는 표현할 수 없을 정도로 뼛속부터 거친 그런 선수 말이다. 그럴 때마다 한 가지 의문이 생긴다. '저런 선수를 어떻게 다룰 수 있을까. 잘못 건드렸다간 감독이고 구단주고 할 것 없이 다 패버리겠는데.'

여기 그 대표적인 선수가 있다. 한국 팬들에게 '싸움소'라 불리며 악명 높은 '거칢'을 몸소 보여주는 가투소가 그 주인공이다. 가투소는 이미 상대 선수들에게 무차별적으로 반칙과 거친 행동을 일삼으며 '건드리면 좋을 게 없는 놈'으로 정평이 나 있었다. 그러던 그가 이번엔 상대 코치에게까지 거친 본능을 드러냈다.

가투소가 AC 밀란 소속으로 뛰던 당시 잉글랜드 토트넘 핫스퍼와 2010-2011 UEFA 챔피언스리그 16강 1차 경기 날이었다. 유난히도 평소 기량을 발휘하지 못하고 AC밀란은 이날 계속해서 상대에게 밀렸다. 점점 거칠어지던 가투소는 결국 후반 31분 주심에게 경고를 받아 경고 누적으로 2차전 출전이 좌절됐다. 당연히 평소대로 그는 판정에 불만을 나타내며 소리를 지르는 등 흥분한 모습을 보였다.

문제는 그 다음이었다. 토트넘의 조던 코치가 옆줄 바깥에서 그의 행동을 비난하는 듯한 행동을 했다. 한 치의 망설임도 없었다. 가투소는 곧장 그에게 달려들어 목을 조르며 위협적인 행동을 했다. 한 눈에 봐도 이성을 잃은 것이 분명했다. 경기 종료 후 분이 안 풀린 가투소는 조던 코치에게 다시 한 번 달려가 머리로 박치기를 해버렸다. 이런 가투소의 행동에 모든 언론은 비난을 쏟아부었고, 해리 레드냅 토트넘 감독은 그를 향해 한 마디로 "미쳤다"며 일침을 가했다.

가투소는 "조던 코치가 후반전 내내 내 공을 건드리거나 끊었다."고 말하며 변명 아닌 변명을 했지만 어쨌든 경기가 끝난 후 자신의 행동을 반성한다고 말했다. 그는 "이성을 잃었다. 그리고 나에게 맡겨진 일을 하지 못했다. UEFA의 결정을 기다리겠다"며 징계가 있으면 달게 받겠다고 밝혔다.

 제아무리 '스파르타 교육법'으로 무장한 한국 지도자들이라도 가투소 같은 제자는…. 충분히 고민해봐야 하겠다.

▲ 조던 코치의 멱살을 잡는 가투소

베컴과 퍼거슨

 '퍼거슨'은 누구나 알 법한 세계 최고의 스포츠 구단 맨체스터 유나이티드의 전설적인 명장이다. 오랜 시간 팀에 몸담으며 이뤄낸 수많은 업적은 그를 최고의 감독 반열에 올려놓았다. 그렇다면 퍼거슨만의 지도법에 숨겨진 비밀이 궁금해지지 않는가. 어떤 방법으로 당대에 내로라하는 스타[8]들을 다스린 걸까.

 답은 퍼거슨의 별명에서 찾을 수 있다. 일명 '헤어드라이어',

실수한 이들에게 가차 없이 소리를 질러대 선수들의 머리카락이 휘날릴 정도라 해서 붙은 이름이다. 정확히 기억은 안 나지만 그 명성의 진가를 본 경기가 있다. 한창 제대로 된 수비를 배우던 조니 에반스가 그날따라 유난히도 실수를 많이 저질렀고, 전반전 내내 퍼거슨은 그를 향해 온갖 비난과 욕설을 퍼부었다. 그때 당황하던 에반스의 표정은 상대편 선수들도 불쌍하게 여길 정도였다.

'파이팅 넘치는' 퍼거슨 특유의 지도법은 맨체스터 유나이티드에서 최고의 스타로 거듭난 베컴도 피해갈 수 없었다. 지난 2003년 2월 15일 홈 구장인 올드 트래포드에서 열린 아스널과 FA컵 경기 후 사건이 터졌다.

선수 대기실에 들어온 퍼거슨은 이날 형편없는 모습을 보인 베컴을 향해 어김없이 '헤어드라이어' 진가를 뽐냈다. 그리곤 흥분을 누그러뜨리지 못한 나머지 앞에 놓여 있던 축구화를 걷어 찼는데 공교롭게도 이것은 베컴의 눈 위에 그대로 꽂히고 말았다. 그는 이 상처로 두 바늘 정도를 꿰매야 했다. 이 사건은 베컴이 레알 마드리드로 이적하는 데 결정적인 계기가 되었다.

퍼거슨은 자신의 자서전에서 이 일화를 직접 소개하기도 했다. "그는 나에게서 12피트(약3.5미터) 정도 떨어져 있었고 우리 사이에는 축구화가 놓여 있었다. 나의 질타에 베컴은 욕을 했고 흥분한 나머지 나는 앞에 있던 축구화를 걷어찼다. 베컴은 내게 덤비기 위해 일어섰지만 선수들이 그를 말렸다. 나는 앉으라고

---

8) 거칠기 그지없다고 전하는 에릭 칸토나, 로이 킨, 루니부터 최고의 스타 베컴, 크리스티아누 호나우두에 이르기까지 퍼거슨은 축구 선수들에게 일종의 등용문 같은 존재였다.

말한 뒤 팀을 망쳐 놓았다고 말했고 다음 날 경기를 보여줬지만 여전히 그는 잘못을 받아들이려 하지 않았다."고 썼다. 더불어 그는 발간 기념회에서 "베컴은 당시 나보다 자신이 더 큰 존재라고 생각했다."라고 밝히기도 했다.

퍼거슨이 화가 났던 이유가 어느 정도는 이해가 될지도 모르겠다. 당시 베컴은 연일 치솟는 인기에 조금씩 변했는데 특히 1997년 스파이스 걸스의 빅토리아(현재 부인)와 교제를 시작하면서 축구 선수가 아닌 '스타'로서 행동하기 시작했다.

베컴의 '스타병'과 얽힌 이야기가 있다. 팀 훈련장 주변에 평소보다 많은 사진 기자들이 몰리자 퍼거슨은 구단 관계자에게 무슨 일인지 물었다. 관계자는 "베컴이 머리를 새로운 스타일로 바꿨다는 소문을 듣고 찾아온 기자들이에요."라고 전했다. 이에 퍼거슨은 그날 저녁 식사 중 일부러 머리를 감추기 위해 모자를 쓰고 다니던 베컴에게 그것을 당장 벗으라고 했지만 베컴은 이를 거부했다.

그리고 다음날, 레스터 시티와 경기를 위한 준비 운동에서 베컴이 또 모자를 쓰고 있는 걸 보고 몹시 화났다. 당시 베컴은 머리를 빡빡 민 상태였는데 이를 경기 직전에 언론에 공개할 계획이었다.

다소 험악했던 베컴과 퍼거슨의 '축구화 사건'을 두고 몇 해 전 재미있는 일이 펼쳐졌다. 그 장본인은 또 다른 악동 웨인 루니였다. 2011년 구단에서 운영하는 TV 프로그램에 크리스마스를 맞아 루니와 긱스, 에반스와 퍼거슨 등 팀 관계자들이 출연해 퀴즈풀기 게임을 했다. 문제 출제자로 나선 루니는 진행자로부터 'Bend it like beckam'[9]이란 문제를 받고 나름대로 한참을 설명했다. 그래도 팀 동료들이 이해하지 못하자 급기야 그는 손가락으로 퍼거슨 감독과 신발을 가리키더니 갑자기 눈에 맞는 시늉을 했다. 바로 베컴과 퍼거슨 사이의 '축구화 사건'을 흉내 낸 것이었다. 놀랍게도 긱스와 에반스는 단번에 문제를 맞혀버렸고, 퍼거슨은 루니에게 "It will cost you(너, 대가를 치를 거야)."라고 하며 멋쩍게 웃어 넘겼다.

▲ 퍼거슨과 베컴 사이의 축구화 사건을 설명하는 루니

2. 선수 VS 심판

쿠웨이트 프로축구

가끔 '우리에게 내일은 없다'는 마음가짐으로 온갖 거친 파울을 일삼고 카드 받기를 두려워하지 않는 선수들이 있다. 그리고

---

9) 국내에는 '슈팅 라이크 베컴'이라는 제목으로 들어온 영화다.

그들에게는 한 가지 공통점이 있다. 절대 자기 잘못을 인정하지 않는다는 점이다. 뭐가 그렇게 떳떳한지 심판에게 불만이란 불만은 다 표출한다. 노란색 카드가 나오든 말든 자기 할 말 다 하고 뒤돌아선다. 그야말로 '작정한' 선수들의 파울을 일일이 따져가며 목소리 높여 맞서야 하는 심판은 무슨 죄인가.

한데, 만년 항의만 받고 욕먹는 게 일일 것 같던 '심판'들에게 구세주(?)가 나타났다. 그는 그동안 묵혀뒀던 심판들의 복수라도 해주듯 시원스러운 모습을 보였다. 쿠웨이트에서 일어난 일이다.

2013년 10월 24일 쿠웨이트 프로축구경기 알 아라비와 알 나스르 7라운드 경기가 열렸다. 알 아라비가 3대 1로 앞선 후반전 종료 직전 알 나사르는 상대팀의 오른쪽 측면을 공략하던 참이었다. 이때 볼 다툼을 벌이던 선수가 수비수의 백태클에 넘어졌다. 하지만 주심 알 파들리는 경기를 그대로 진행했다.

이후 역습 상황에서 난투극이 일어났다. 알 아라비의 선수가 상대편 페널티 박스에서 넘어졌고 주심은 페널티킥을 선언했다. 알 나스르 선수들은 이에 화가 단단히 났다. 바로 전 상황에서는 그냥 경기를 진행해 놓고서는 바로 이어진 상황에서 알 아라비에 페널티킥을 준 것이 불만이었다.

알 나사르 선수들은 순식간에 주심을 둘러쌌다. 저마다 소리를 지르고 한 마디씩 보태며 심판의 옷과 팔을 잡아당기는 등 과격하게 행동했다. 그들은 잠시 잊은 듯 했다. 주심도 사람이라는 사실을. 조금씩 화가 치밀어 오르는 것처럼 보이던 심판은 급기야 눈에 띄는 한 명을 골라 그의 얼굴을 후려쳐버렸다. 선수는 그 자리에서 쓰러졌고 격분한 팀 동료들이 주심에게 덤벼들었다. 하지만 주심은 아랑곳하지 않고 발차기와 레드카드를 선보이며 방어에 나섰다. 심판의 행동에 알 나사르 코치진까지 나서 항의했고 결과는 어김없이 레드카드였다.

상황은 끝나지 않았다. 페널티킥 골을 내준 후 중앙선에서 다시 시작한 알 나스르의 한 선수는 옆에 서 있던 주심에게 그대로 공을 차버렸다. 이 선수 역시 시원하게 레드카드를 받고선 하고 싶은 말을 다 쏟아내고 퇴장 당했다.

아무리 '막장축구' 해도 이 같은 막장이 또 있을까. 그런데 참 이상하다. 사건 영상을 보고 있자니 마음 속 한 구석이 시원해지는 느낌이 든다. 선수들, 앞으로 자신의 파울은 깨끗하게 인정하는 모습도 보여줬으면 한다. 괜히 무턱대고 심판에게 덤비다간, 순간 '번쩍'하는 경험을 할지도 모른다.

네덜란드, 미국 유소년축구

10대 선수들과 학부모가 선심을 폭행해 숨지게 한 사건이 있었다. 더욱 안타까운 사실은 사망한 선심의 아들이 그날 경기에 선수로서 함께 있었다는 점이다.

2012년 3월 네덜란드 알메레에서 열린 유소년 축구 클럽 경기에서 선심을 보던 리하르트 뤼벤휘젠은 아들의 경기를 직접 봐주겠다며 경기에 나섰다. 하지만 예기치 않은 일이 벌어졌다. 그의 판정에 아들과 같은 팀이었던 선수들이 불만을 드러냈다. 그리고 해서는 안 될 일을 저지르고 말았다. 경기가 끝나자 몇몇 선수들이 곧장 선심에게 달려들었고 발로 머리를 차는 등 집단 구타를 한 것이었다. 순식간에 벌어진 일이라 누구도 막을 수 없었다. 심판은 의식을 잃었고 병원으로 실려 갔지만 안타깝게도 다시는 일어나지 못했다.

네덜란드 법원은 선수 아버지에게 징역 6년을, 나머지 10대 선수들에게는 징역 2년과 1년을 선고했다.

▲ 당시 네덜란드 신문은 이 사건을 특종으로 보도했다

미국에서도 비슷한 사건이 발생했다. 2013년 4월 미국 유타 주 솔트레이크 테일러스빌에서 46세 미국 축구 심판 포틸러가 경기 중 판정에 불만을 품은 선수의 주먹에 맞아 사망했다.

고등학교 간 대회였던 이날 경기에서 포틸러 심판은 상대 공격수를 심하게 밀친 골키퍼에게 옐로우 카드를 꺼냈다. 그리고 수첩에 이름을 적고 있을 때 이에 불만을 가진 골키퍼는 그대로 심판을 주먹으로 쳐버렸다. 어지러워하던 심판은 피를 토하며 쓰러졌고 병원으로 후송된 뒤 1주일 동안 중태에 빠져 있다가 그대로 죽음에 이르렀다.

프로축구계는 이러한 말도 안 되는 심판 폭행 사건에 목소리를 냈다. 프랑크 데 부어 아약스 감독은 레알 마드리드와 경기를 위해 참석한 챔피언스리그 기자회견에서 "어떻게 15, 16세 소년들이 이런 일을 저질렀는지 상상이 되지 않는다."며 우려를 나타냈다.

브라질 심판 공개처형

어느 공포 스릴러 영화에 나올 듯한 일이 실제로 벌어졌다. 심판은 판정에 항의하던 선수의 목을 찔렀고 이에 화난 관중들은 심판을 그 자리에서 참수해버렸다. 2014 월드컵이 열린 브라질에서 일어난 사건이다.

2013년 6월 30일 브라질 마라냐의 한 경기장에서 아마추어 축구팀의 경기가 있었다. 이날 경기 심판을 맡은 조르다오 다 실바 주심은 도스 산투스라는 선수에게 퇴장 명령을 내렸는데, 이것이 발단이었다. 퇴장 명령에 화가 난 산투스는 심판의 얼굴을 주먹으로 가격했고, 이에 심판은 어디에서 났는지 모를 흉기를 들고서는 선수의 목을 찔렀다.

여기까지도 충격적인데 '진짜'는 그때부터 시작이었다. 선수의 친구들과 일부 흥분한 관중이 순식간에 경기장으로 들이닥쳤다. 그리고는 믿을 수 없는 일을 저질렀다. 심판을 묶고 목과 함께 사지를 절단해버린 것이었다. 그 후 절단된 시신을 운동장에 심기까지 했다.

▲ 심판 옥타비우 다 실바(왼쪽)과 선수 도스 산토스(오른쪽), 사건 현장

'정열의 나라'여서일까. 브라질은 유난히 축구와 관련한 유혈 사태가 많이 일어난다. 경기 결과에 만족하지 못한 팬들이 경기장에 난입해 선수들과 팀 관계자들을 폭행하는가 하면 축구로

시비가 붙은 팬들 간 총기 사건이 나 목숨을 잃는 경우도 비일비재하다. 관중들의 집단 폭행 시비로 헬리콥터가 출동한 일도 있으며 화장실 변기를 뜯어 서로 던지며 싸우다 이를 맞은 사람이 그 자리에서 숨지는 사건도 발생했다.

세계 축구 역사상 가장 충격적인 사건으로 남을 이 일은 불안한 치안으로 유명한 브라질에 다시 한 번 오명을 씌웠다.

3. 선수 VS 선수

이영표

똘망똘망한 눈, 특유의 영특한 플레이로 '초롱이'라는 별명을 가진 이영표를 모르는 이는 없을 것이다. 한국 축구 역사상 최고의 윙백이라 불릴 만큼 공격과 수비 모든 부분에서 재능이 있었던 그는 은퇴 후 해설가로서도 좋은 모습을 보여주고 있다. 특히 2014 브라질월드컵에서 경기를 정확하게 예측하며 일명 '문어 이영표'[10]라는 새 별명을 얻기도 했다.

평소 자기 관리에 철저하기로 소문난 이영표, 그런 그가 과거 K리그에서 뛰던 시절 경기 중 상대 선수에게 따귀를 맞은 사건이 있었다. '초롱이'의 뺨을 때린 선수는 1998 프랑스월드컵 벨기에전에서 '붕대 투혼'으로 유명했던 이임생이다.

2002년 7월 21일 당시 이영표는 안양LG 치타스, 이임생은 부천SK 소속이었다. 이날따라 부천은 안양의 날카로운 공격에 맥을 못 췄다. 특히 주전 수비수였던 이임생과 역습 상황에서 공

---

10) '파울'이라는 문어로 경기 승패를 점친 것에서 유래

격을 주도한 이영표가 자주 부딪치던 차였다.

공을 끊어낸 후 빠르게 공격을 나가던 이영표, 하지만 드리블이 다소 길었고 이것을 이임생이 걷어냈다. 이 과정에서 공이 빠졌음에도 이영표가 이임생의 발을 거는 파울을 했고, 이영표의 발기술에 애를 먹던 이임생은 그를 슬쩍 쳤다. 이영표는 그 자리에 서서 항의 하는 듯한 몸동작을 했고 이임생이 뛰어와 '선배의 권위'로 그에게 주의를 줬다.

문제는 다음에 터졌다. 이영표가 다시 공을 잡고 '치달(치고 달리기. 공을 차 놓은 후 빠른 주력으로 수비를 벗겨내는 드리블)'하는 과정에 이임생의 태클이 들어왔고 여기서 충돌이 있었다(이 상황을 두고 아직도 팬들 사이에서는 양 편으로 나뉘어 '이영표의 발에 이임생이 복부를 맞았다, 아니다'라는 갑론을박이 이어진다).

경기 내내 이영표에게 시달리던 이임생은 쌓였던 분노를 참지 못하고 이영표의 뺨을 그대로 걷어 올렸다. 뒤늦게 상황을 파악한 심판이 달려와 둘을 중재했는데 지금 살펴보면 판정에 다소 동의하기 힘들다. 심판은 먼저 폭행을 한 이임생에게 카드를 꺼내기는커녕 도리어 이영표가 사과를 하게 했다. 그리고 당시 경기 해설자는 이런 말을 남겼다. "까마득한 후배가 저러면 안 되죠." 경기를 보는 객관적인 시각을 잃은 심판과 해설자는 당시 축구계뿐만 아니라 한국 사회 전반에 뿌리 내린 엄격한 선, 후배 위계질서를 단편적으로 드러냈다.

▲ 경기 중 이임생에게 사과하러 가는 이영표

유교사상을 바탕으로 한 위계질서가 공격수의 창의성에 영향을 끼친다는 흥미로운 견해가 있다. 1996년 애틀란타 올림픽 당시 비쇼베츠 한국대표팀 감독의 통역을 맡았던 페트로프의 말을 따르면, 한국팀은 주장을 정점으로 제일 어린 선수가 아래에서 받치는 위계적인 통치 체제를 가진다고 전했다. 다시 말해, 선수 개인이 자율적으로 어떻게 팀에 기여할 것인가를 고민하기보다는 조금 더 선배들의 움직임에 맞춰가기 위해 노력한다는 말이었다.

그는 위계질서가 확실한 일본에서도 비슷한 사례가 나타난다고 말했다. 선수가 선발 명단에서 빠지면 유럽 선수들은 "내가 왜 빠졌냐"며 이유를 묻지만, 일본 선수들은 "실력을 키우기 위해 무엇을 해야 할까"라고 묻는단다.

일본에서 프로축구 감독을 지냈던 아스날의 '아르센 벵거' 감독도 이와 비슷한 말을 했다. 벵거는 "그들은 내게 구체적인 지시를 원했다. 나는 선수들이 스스로 생각하는 법을 가르쳐야 했다."고 회상했다.

상대 페널티박스 근처에서 서로 공을 미루고 과감한 돌파를 시도조차 하지 않는 한국 선수들의 '친절한 공격'. 이는 엄격한 위계질서 속에서 남의 눈이 두려워 시도와 실패를 꺼리는 '한국 사회'와 왠지 닮았다.

이을용

배가 땡길 정도로 웃어본 기억이 있는가. 그런 웃음은 유치한, 아주 1차원적인 것이 소재거리일 때가 대부분이다. 가령 누군가 길을 걷다 자빠지는 모습을 봤을 때처럼 말이다.

아마 고등학교에 다니던 즈음이었을 것이다. 2002년 한·일 월드컵 4강 신화의 여운이 채 가시지 않았던 어느 날 한국은 중국과 2003년 동아시안컵 대회 경기를 가졌다. 미처 몰랐다. 여기서 오장육부가 미어져 아프도록 웃을 거리가 생길 줄은.

2003년 12월 7일 한국과 중국의 경기에서였다. 당시 중국은 오랫동안 지속된 공한증[11])에서 벗어나려고 안간힘을 쓰고 있었다. 당연히 그날 경기는 접전이었고, 전반전에만 양 팀 합쳐 4명의 선수들이 옐로카드를 받았다. 공세를 이어가던 한국은 전반 종료 직전 코너킥 기회를 얻었다. 이을용이 올린 공은 유상철의 머리를 향했고 이를 헤딩으로 연결하며 대한민국이 1대 0으로 앞서 나갔다.

---

11) 공한증(恐韓症). '한국을 두려워 하는 증세'를 의미하는 말로 한국과 경기만 하면 지고 오는 자국 대표팀을 비난하고자 중국인들이 스스로 만든 용어.

▲ 을용타의 '탄생'

이어진 후반전 14분경 역사적인(?) 장면이 나왔다. 이을용이 동료의 패스를 받아서 공을 돌리고 있을 때 중국의 리이가 뒤에서 이을용의 발목을 걷어찬 것이다. 이전에도 발목 부상으로 오랫동안 고생해 겨우 회복 중이었던 그는 순간적으로 분노를 참지 못하고 리이의 뒤통수를 시원하게 내리쳤다. 리이가 머리를 부여잡고 쓰러지자 흥분한 중국 선수들이 몰려왔으나 이에 맞서 이을용은 굳건히 자리를 지키며 뒹굴고 있는 리이를 노려봤다. 그 유명한 '을용타(打: 칠 타)'의 탄생이었다.

을용타는 당시 상황을 순간적으로 잡아낸 사진을 바탕으로 디시인사이드를 비롯한 여러 사이트에서 패러디물을 낳으며 유명해졌다. 물론 이을용은 이 반칙으로 퇴장을 당했으나 경기는 1대 0 한국의 승리로 끝났다. 선수로서 해서는 안 될 행동이었지만, '개념 없는' 거친 파울로 유명했던 중국을 달게 응징해 통쾌하다는 여론도 많았다. 무엇보다 이 사건은 재야에 숨어있던 패러디 고수들로 하여금 거부할 수 없는 '창작욕'을 불러일으켰다는 점에서 의의가 컸다.

혹시나 몰랐던 이들이 있을지도 모르겠다. 간단히 '을용타', 이 세 글자의 검색어면 유치하지만 웃긴 그동안의 모든 작품을 감상할 수 있다.

▲ 갖가지 패러디를 낳은 을용타 사건

이로부터 8년이 지난 2011년 K리그 대구FC와 9라운드 경기에서 이을용은 은퇴식을 가졌다. 여기서 후배 선수들은 이을용을 위한 재미있는 골 셀러브레이션을 준비했다. 강원FC 김진용이 후반 9분 헤딩 골을 넣은 후 미리 준비한 2002년 당시 한국 유니폼을 입고 이을용 앞에서 '을용타'를 선보인 것이었다. 회심의 미소를 보이며 전설은 훈훈하게 마지막 경기를 마쳤다.

리베리

　가장 험악하게 생긴 축구선수를 꼽으라면 '0순위'로 지목될 인물이 있다. 바로 프랑스의 리베리다. 오죽하면 '마피아'라는 별명까지 있을까. 그의 주특기인 유연한 손목 스냅은 '을용타'에 버금간다 하여 '리베리타'라 불린다. 얼마나 재빠른지 심판의 눈으로는 그의 '불꽃 싸다구'를 절대 잡아낼 수 없다. 그에게 뺨을 내줘야 했던 이들은 한 둘이 아니다.

　레알마드리드의 '다니엘 카르바할'이 대표적인 희생자다. 지난 2013-14 UEFA 챔피언스리그 바이레른 뮌헨과 레알마드리드의 4강 2차전 경기였다. 레알은 초반부터 강한 공격과 압박을 펼치며 전반전에만 3골을 넣었다. 이에 뮌헨 선수들은 당황하며 레알의 흐름에 조금씩 말려들기 시작했다. 조금씩 선수들의 감정이 쌓이는가 싶더니 결국 신경전을 벌이던 리베리가 왼손으로 카르바할의 뺨을 때리고 말았다. 어안이 벙벙해진 카르바할이었지만 어찌할 도리가 없었다. 워낙 순식간이라 심판이 이를 보지 못했기 때문이다.

　'뺨을 내준 희생양에는 안타깝게도 한국의 구자철도 포함된다. 지난 2012년 12월 뮌헨과 아우크스부르크 경기 중 리베리의 거친 행동에 구자철이 발끈하고 덤벼들었다. 이를 본 리베리, 망설임 없이 '찰싹'. 당시 심판은 먼저 도발한 구자철에게는 옐로우 카드를, 폭행을 한 리베리에게는 퇴장 명령을 내렸다. 추가로 두 경기 출전 정지라는 징계를 받은 리베리는 판결에 항소했지만 법원은 이를 받아들이지 않았다.

▲ 리베리에게 손찌검 당하는 카르바할(위)과 구자철(아래)

리베리의 '깡패 기질'에 당한 피해자는 같은 팀 동료도 예외가 될 수 없었다. 2011-12 UEFA 챔피언스리그 레알 마드리드와 1차전 경기 중 뮌헨은 전반전 45분 프리킥을 얻었다. 누가 찰 것인지 결정하는 과정에서 동료인 아르엔 로번과 시비가 붙었는데 그는 리베리에게 '토니 크로스'가 차는 게 낫겠다고 했다. 몹시 불쾌해진 리베리는 전반전이 끝나고 선수 대기실에서 로번의 얼굴에 주먹질을 해버렸다. 후반전에 로번은 얼굴에 시퍼런 멍 자국을 띤 채로 뛰어야 했다.

이 사건으로 리베리는 구단으로부터 벌금 5만 유로(약 7500만 원)의 징계를 받았다.

벨라미

"넌 나에게 모욕감을 줬어."

'넌 나에게 목욕가운을 줬어' 등의 패러디물을 낳으며 한때 유행했던, 영화 '달콤한 인생'의 대사다. 조직의 보스였던 김영철은 이 같이 말하며 자신의 심복이었던 이병헌을 제거하려 한다.

'웨일스의 악동' 벨라미가 이 영화를 보기라도 한 걸까. 김영철이 그랬듯 벨라미 역시 화끈한 방법으로 모욕감을 준 이와 맞섰다. 골프채를 든 채로 말이다. 상대는 다름 아닌 같은 팀 동료 리세였다.

2007년 2월 벨라미가 리버풀 소속으로 바르셀로나와 UEFA 챔피언스리그 준비를 위해 5일 동안 포르투갈에 머물렀을 때였다. 알가르베에서 마지막 날 당시 감독이었던 베니테즈는 특별 외식을 허락했고 선수단은 그날 거나하게 술을 마시며 분위기를 즐겼다.

문제는 벨라미가 리세에게 노래를 부르라고 요구하면서 시작됐다. 평소에도 조금은 이상하리만큼 승부욕이 강한 리세에게 벨라미는 짓궂게 장난치며 그의 빨간 머리를 따와 'ginge'[12]

---

[12] ginger(연한 적갈색)에서 따온 단어로 빨간 머리를 가진 사람을 낮춰 부르는 속어

라는 별명을 부르곤 했다. 그날도 벨라미는 노래로 리세에게 장난을 걸었고 여기에 리세는 과민반응을 보였다. "똑바로 들어. 난 노래하지 않을 거야. 이미 네 말은 충분히 들을 만큼 들었어." 그 순간은 대충 넘어갔지만, 벨라미는 동료들 앞에서 모욕감을 준 리세를 용서할 수 없었다. 술도 많이 마신 상태라 이날 그의 감정 조절 능력은 바닥으로 떨어졌다. 시간이 얼마나 지났을까. 벨라미는 숙소에 있던 골프채, 8번 아이언을 들고 리세의 방으로 향했다.

막 잠에서 깬 리세는 뭔가 긴 둔기를 들고 온 벨라미를 보고 기겁했다. 그리곤 담요 뒤로 몸을 숨겼다. "너 다른 사람들 보는 데서 한 번만 더 그딴 식으로 말해봐. 이 골프채로 머리를 날려버릴 테니까." 벨라미는 말을 이었다. "이번 일로 징징거리고 다녔다간 내일 내 방에서 다시 볼 줄 알아."

벨라미가 자신의 행동을 후회하던 즈음 감독에게 호출이 왔다. "리세가 방금 내 방으로 와서는 네가 걔를 때렸다고 하던데." "정확히 말하자면 때린 건 아니에요."

벨라미의 말은 어느 정도 사실로 보였다. 리세가 크게 폭행당한 흔적은 보이지 않았기 때문이다. 벨라미의 행동은 단순한 위협 정도였던 것 같다. 구두 경고 정도로 일은 마무리 됐고 이후 벨라미는 골을 넣은 후 '골프 스윙' 셀러브레이션을 하며 사건을 재치 있게 넘기기도 했다.

▲ 벨라미의 스윙을 웃음으로 지켜보는 리세(맨 오른쪽)

 여담이지만 벨라미가 자서전에 밝힌 내용을 보면 그날 그가 감독에게 덜 혼난 이유는 따로 있었다. 벨라미 뿐만 아니라 여러 선수들이 이날 '한껏 기분을 내며 놀았던 탓'에 뒤치다꺼리하느라 베니테즈 감독은 정신이 없었기 때문이다. 특히 골키퍼였던 두덱은 경찰서에서 행패를 부려 감옥신세를 졌는데 베니테즈가 그를 직접 꺼내오기까지 했다.

지단, 마테라치

희대의 '박치기 사건'이 나왔다. 월드컵 경기 중 가장 중요한 결승전에서 말이다. 가해자는 축구를 예술의 경지로 끌어 올린 '아트사커의 창시자' 지네딘 지단, 피해자는 평소 '성질 더럽기로 유명한' 마테라치였다. 뭔가 당사자 간의 역할이 뒤바뀐 느낌이다. 사건의 재구성이 필요하다.

2006년 독일월드컵 결승전에 프랑스와 이탈리아가 맞붙었다. 사실상 지단의 마지막 월드컵이었던 이 대회에서 프랑스는 스페인과 브라질, 포르투갈을 차례로 꺾으며 과거의 영광을 재현하고 있었다. 화려하게 부활한 지단의 활약 덕분이었다.

이에 맞서는 이탈리아의 전력 역시 만만치 않았다. 킥의 마술사 피를로를 중심으로 탄탄한 수비 조직력을 갖춘 이탈리아는 결승전까지 단 1골만 내주며 일찌감치 우승 후보로 꼽혔다.

예상대로 두 국가의 결승전은 우열을 가릴 수 없었다. 전반전 7분 지단이 페널티 골을 넣었으나 후반전 17분 마테라치가 동점골을 뽑았다. 점수는 1대 1, 승부를 가리지 못한 채 경기는 연장전으로 접어들었다.

점점 고갈되는 체력에 뭔가 확실한 노림수가 필요하다고 느꼈을까. 마테라치는 한 가지 묘안을 생각해낸 듯했다. 연장 110분, 승부차기가 한 발자국씩 다가올 무렵 그는 지단에게 다가가 어떤 말을 속삭였다. 그리고 사건이 터졌다. 지단은 마테라치의 가슴팍에 박치기를 해버렸다.

당시 전 세계 축구 팬들은 자신의 눈을 믿을 수 없었다. 프랑스를 굳건히 지켜온 주장 지단이 박치기라니. 그것도 결승전에서. 처음엔 모든 비난이 지단에게 쏠렸다. 가장 중요한 결승전에서 이 같은 경솔한 행동을 했으니 당연한 결과였다. 지단의 부재를 안고 승부차기까지 간 프랑스는 결국 3대 5로 이탈리아에 우승컵을 내줘야 했다.

왜 갑자기 지단은 마테라치에게 머리를 들이밀었던 걸까. 월드컵이 끝난 얼마 후 사건의 진상이 드러났다. 마테라치가 지단에게 "네 유니폼을 갖느니 차라리 너의 누이를 갖겠다."라는 망언을 했다는 것이었다. '아트사커'를 칭송하던 사람들의 온갖 비난이 마테라치에게 향했다. 그는 "경기장에서 이런 신경전은 자주 일어나는 일이다."라며 해명을 했지만 곧 지단과 더불어 누이에게도 사과하고 싶다고 공개적으로 전했다. 당시 둘의 화해를 돕기 위해 제프 블라터 FIFA 회장까지 나설 정도였다.

지단의 입장에서는 그야말로 더러운 흙탕물이 튄 격이었다. 마테라치는 원래 괴팍하고 경솔한 태도로 유명했다. 어느 예능 프로그램에 출연한 안정환이 이탈리아에서 뛰던 시절을 회상하며 마테라치에 대해 언급한 일이 있었다. 그는 "마테라치는 약간 꼴통이다. 머리가 아기 수준이고 다혈질에 이상한 행동을 많이 한다. 하루는 갑자기 선수 대기실 문을 뻥 차고 들어오더니 갑자기 나에게 '마늘 냄새가 난다'고 소리를 질렀다."라고 하며 마테라치의 기행을 전했다.

2012년 선수이자 한 인격체로서 마테라치의 수준을 짐작하게 하는 사진이 있었다. 자신의 트위터에 프랑스 파리 퐁피두 센터 앞에 있는 '지단의 박치기 동상' 앞에서 찍은 사진을 올린 것이었다. 그리고 "나 어디 와 있게?"라는 귀여운(?) 말까지 적어놓았다.

▲ '박치기 동상' 앞에서 인증 사진을 남긴 마테라치

 마테라치는 이탈리아의 또 다른 악동인 발로텔리를 폭행한 사건으로도 유명하다. 2010년 UEFA 챔피언스리그 인터밀란과 바르셀로나의 경기에서 발로텔리는 후반에 교체 출전했다. 하지만 경기 내내 불만스러운 표정과 함께 최선을 다하지 않는 모습이었고 홈팬들의 야유에 유니폼을 벗어 던지는 등 온갖 짜증을 부렸다. 결국 보다 못한 마테라치는 경기 후 선수 전용 터널을 지나던 때 발로텔리를 흠씬 때려줬다. 상대팀 바르셀로나 소속이었던 즐라탄 이브라히모비치는 "내가 발로텔리였다면 가만히 있지 않았을 것"이라고 하며 언론에 상황을 설명하기도 했다.

악동 중에 악동 발로텔리를 때려버린 마테라치. 어찌해야 하나, 이 자유분방한 영혼을···.

로이 킨

맨체스터 유나이티드의 명장 퍼거슨은 그의 자서전에서 로이 킨을 이렇게 말했다. "야만적인 혀를 가졌다. 그가 떠난 뒤 팀이 편해졌다." 명색이 맨체스터 유나이티드 등번호 7번의 계승자 중 한 명인데, 너무한 혹평이 아닌가 싶다. 만 13년 동안 맨체스터를 위해 헌신적인 플레이로 팀의 전성기를 이끌었는데 말이다.

로이 킨은 거친 수비형 미드필더의 전형이라 불리는 선수다. 에릭 칸토나와 웨인 루니 사이에서 맨체스터 유나이티드의 '성깔의 계보'에 구심점 역할을 한 터프가이였다. 그와 시비 한 번 안 붙어본 선수가 없었을 정도였다. 이런 로이 킨에게는 꼬리표처럼 따라다니는 두 가지 이야기가 있다. 첫 번째는 '알피 할란드를 향한 복수극', 두 번째는 '비에이라와의 터널 사건'이다.

먼저 알피 할란드와 악연이다. 1997년 로이 킨이 맨체스터 유나이티드에 있던 때 리즈 유나이티드와 로즈더비[13]를 가진 날이었다. 페널티 박스를 왼쪽으로 질주하던 로이 킨은 할란드의 태클에 걸려 넘어졌다. 당시 할란드는 별 것 아닌 몸싸움에 로이 킨이 꾀병을 부린다고 생각하여 파울을 한 후 좋지 않은 말을 보태며 퇴장 당했다.

그러나 이때 로이 킨이 당한 부상은 생각보다 심각했다. 선수 생활을 다시 못 할지도 모르는, 십자인대 파열이었다. 이 부상으로 로이 킨은 최고의 기량에 있었던 1998년, 프랑스월드컵에서 뛰지 못했고 오랜 재활 끝에 다음 시즌 겨우 복귀에 성공했다.

그로부터 5년 뒤 복수전이 펼쳐졌다. 할란드의 맨체스터 시티와 맨체스터 유나이티드가 치른 지역 더비전에서였다. 측면 쪽에서 경합을 벌이던 할란드와 로이 킨은 5년 전 그때처럼 마주쳤다. 경합 과정 중 공을 먼저 차기 위해 두 선수가 발을 뻗었는데, 할란드의 발이 조금 더 빨랐다. 로이 킨은 발을 뺄 수 있었으나 멈추지 않고 그대로 할란드의 무릎을 찍어버렸다. 검사 결과 할란드는 최소 8개월의 재활이 필요했다. 그는 후에 로이 킨의 반칙에 손해배상 소송을 내기도 했다. 그러나 법원은 사건을 받아들이지 않았다. 이미 그는 무릎에 잦은 부상이 있었기 때문이다. 회복에 어려움을 겪던 할란드는 결국 복귀하지 못하고 그대로 은퇴해야 했다.

---

13) rose derby. 일명 장미 전쟁이라고도 부른다. 이는 과거 왕권을 놓고 다툰 랭커스터 가문과 요크 가문의 전쟁에서 유래한다. 랭커스터는 붉은 장미, 요크는 흰 장미를 각각 문장으로 썼는데, 랭커스터가 속한 지역이 맨체스터였고 요크가 있는 곳이 리즈였다. 두 팀의 경기는 지역 간 전쟁과 문장을 따 로즈더비라 불리기 시작했다.

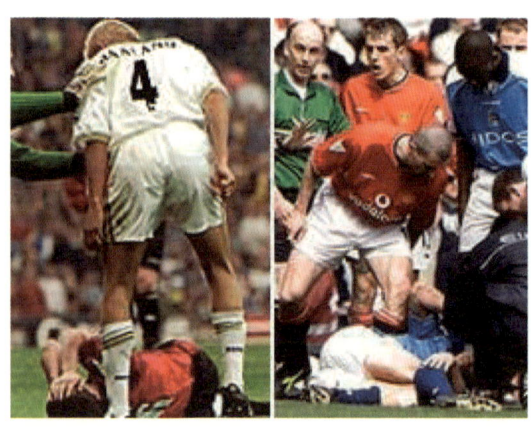

▲ 할란드에게 당한 후(왼쪽) 복수전에 성공한 로이 킨(오른쪽)

 '비에이라와 터널사건'은 경기 시작 전에 시비가 붙은 일이다. 2004-05 프리미어리그 시즌에 아스날 홈구장에서 두 팀이 맞붙었다. 특히 이날은 인종차별에 반대하는 마크를 달기로 되어 있었는데, 이것이 싸움거리가 될 거라고는 누구도 예상하지 못했다.
 경기를 시작하기에 앞서 양 팀은 선수 전용 터널에서 마주섰다. 비에이라는 곧 당시 주장이었던 게리 네빌이 마크를 달지 않은 것을 확인하고 그에게 쏘아댔다. 이 모습이 아니 꼬았던 로이 킨은 가만히 있을 수 없었고 둘은 터널에서부터 언성을 높이며 싸우기 시작했다. 화난 비에이라는 물을 벌컥벌컥 마셔댔고 동료인 베르캄프가 그를 달랬다. 하지만 곧장 뒤따라 나온 로이 킨은 비에이라에게 삿대질을 하며 "행동을 똑바로 하라"며 소리쳤고 심판과 동료가 나서서 그를 말렸다.
 다툼의 앙금은 선수 간 악수를 할 때까지 이어졌다. 로이 킨과 비에이라는 당연히 악수를 하지 않고 서로 지나쳤다. 맨체스터 유나이티드의 또 다른 '성깔' 폴 스콜스는 비에이라의 악수를 가볍게 무시했고, 사건 당사자였던 게리 네빌은 비에이라의 손을 뜨겁게 맞잡으며 계속해서 그를 노려봤다. 비에이라는 미안했는지 고개를 숙인 채 네빌을 지나쳤다.

7년쯤 지났을까. 2012년 퍼거슨이 은퇴했던 폴 스콜스를 다시 불러와 팀 전력을 보강했던 적이 있었다. 맨체스터 유나이티드와 사이가 별로 좋지 않았던 비에이라는 이를 두고 언론과 인터뷰에서 "폴 스콜스가 현역으로 복귀한 것은 팀의 불안한 미래를 드러낸 일"이라고 했다.

퍼거슨은 이런 말에 가만히 있을 위인이 아니었다. "스콜스가 아니라 로이 킨을 데려왔어야 했다. 만약 비에이라가 원한다면 킨을 데려 올 수 있다. 그러면 정말 재미있을 것이다"라고 말하며 비에이라의 말에 맞불을 놨다.

맨체스터 유나이티드와 아스날 경기 때 로이 킨, 비에이라를 초대 해설위원으로 써보는 건 어떨까.

4. 선수 VS 팬

안정환

긴 머리와 함께 잘생긴 외모로 '테리우스'라 불리던 안정환은 한때 한국 최고의 테크니션[14]이었다. 그런 그도 2006년 월드컵 직후 팀 이적문제와 떨어지는 기량으로 힘든 시간을 보낸 적이

---

14) 축구에서는 흔히 발기술이 좋은 공격수를 영어의 'technique:기술'이라는 단어를 따와 테크니션(technician)이라 부른다.

있었다. 당시 안정환은 소속되어 있던 수원 삼성의 2군으로 내려가 경기력 회복을 위해 한창 담금질을 하고 있었다.

사건은 FC서울 2군과 경기에서 터졌다. 서울 측의 소위 '골수팬'으로 유명했던 권 모양(당시 28세)은 그날따라 안정환을 비난하는 데 여념이 없었다. 판타지 스타였던 안정환이 2군 경기에 와 있다는 비아냥거림으로 그녀는 조금씩 도발하기 시작했다.

전반전 6분 안정환이 골을 넣고도 반지 셀러브레이션을 하지 않자 그녀는 가만히 있지 않았다. "반지 해야지. X팔려서 세레모니도 못하냐" 등의 폭언을 했는데, 이는 관중조차도 듣고 있기 불편할 정도였다. 폭주기관차처럼 질주하던 그녀는 급기야 넘지 말아야 할 선을 넘고 말았다. 친구끼리 싸울 때도 금기어로 정해진 '가족 욕'을 한 것이다. 그녀는 안정환의 부인을 성적으로 비하하는 말을 했고 이에 그는 관중석으로 뛰어들었다. 경기에 부인과 자녀가 와 있었다는 점이 안정환을 더 화나게 했고, 두 사람 사이에 고성이 오갔다. "당신 같은 사람 때문에 축구가 발전이 안 되는 거야 알아?" 이 말을 남긴 채 안정환은 퇴장당해야 했다.

이 사건으로 안정환은 K리그 주최측에 1000만 원의 벌금을 내야 했고, 이는 역사상 최고 액수로 기록됐다. 반면, 폭언을 했던 권 모양은 별다른 제재를 받지 않았다. 더 놀라운 점은 그녀가 개인 홈페이지에 자신의 행동을 질타하는 사람들을 향해 모조리 고소하겠다고 으름장을 놓기도 했다는 사실이다. 그래도 한편으로는 양심의 가책을 느낀 걸까. 들리는 말에 따르면 그 사건 뒤로 그녀는 축구장에 모습을 보이지 않았다고 한다.

▲ 폭언을 듣고 관중석으로 뛰어드는 안정환

    2014년 5월 14일 MBC 예능프로그램인 황금어장에 안정환이 출연했다. 당시 이 일을 두고 그가 "리그 최고액 벌금이다. 아직도 안 깨졌다."고 하자 옆에 있던 송종국은 "나라면 모른 척 했을 것이다."라고 장난치며 당시 사건을 웃어 넘겼다.

이천수

    전성기 시절 '천재'라 불리며 오른쪽 윙을 그야말로 "씹어먹던" 선수가 있다. 작은 체구에서 뿜어져 나오는 스피드와 영리한 움직임은 어느 수비수라도 함부로 덤벼들기 어려울 정도였다. 여기에 정확한 킥 능력까지 이 선수가 가진 축구 재능은 가히 가공할 만했다. 바로 풍운아 이천수의 이야기다.

구단 이적 문제 등 이런저런 개인사로 축구계를 떠났다가 재기에 성공한 지 얼마 안 된 2013년 10월 16일 이천수는 다시 안타까운 일로 불구속 입건되었다. 이틀 전 인천 자신의 집 근처 술집에서 다른 손님 김 모(30)씨를 때리고 김 씨의 휴대전화를 부쉈다는 혐의였다. 이천수는 사건 당시 억울함을 드러냈다. 그는 "아내도 있는 자리에서 한 취객이 너무 과하게 시비를 걸어와 불가피하게 말다툼이 벌어졌다. 하지만 폭행은 없었다."고 했다. 손에 피가 난 이유는 화를 삭이다가 난 상처라고 밝혔다.

처음에는 모두 그런 줄 알았다. 예전부터 축구 관계자, 팬들과 불화가 있어 비판을 많이 받던 이천수였지만 이번만큼은 다들 그의 편에 섰다. 부인에게 피해가 갔다고 하니 더 이상 왈가왈부할 건더기가 없었다. 소속팀 인천 유나이티드도 그 말을 믿고 이천수와 함께 피해자의 입장에서 사건 해결에 나섰다.

하지만 반전이 있었다. 아내는 싸움 당시 자리에 없었다. 그녀는 사건이 터진 직후 술집에 온 점이 드러났다. 이천수의 폭행이 있었다는 진술이 나왔고 이천수는 폭행 혐의를 인정했다. "그래도 끝까지 참았어야 했다."고 말한 인천 감독의 충고가 팬들에게 욕을 먹었을 정도로 이천수를 보호하는 여론이 많았다. 이번만큼은 팬들도 이천수에게 건 기대가 컸다는 의미였다.

얼마 뒤 이천수는 구단 홈페이지에 직접 쓴 사과문을 올렸다. 그리고 2013 시즌 남은 경기 출전 정지, 벌금 2000만 원의 징계를 받았고 일주일 간 케냐 봉사활동을 다녀와야 했다.

▲ 사과문을 전한 이천수

이천수를 향한 소속팀 인천유나이티드의 신뢰는 여전하다. 불미스러운 일이 있었지만 선수로서 재능과 함께 반성하는 모습을 다시 한 번 믿어보겠다는 취지일 것이다. 아마 프로 선수로서 가질 마지막일지도 모르는 이번 기회를 통해 풍운아의 재림을 기다리는 여러 팬의 기대가 충족되길 바란다. 물론 여기에는 선수의 재능만이 아니라 공인으로서 성숙된 인성을 바라는 마음도 포함되어 있다. 유종의 미는 천재를 완성하는 필요 충분 조건이 아니던가.

에릭 칸토나

앞서 살핀 '맨체스터 유나이티드의 대표 7번' 로이 킨에게 '터프가이'의 자리를 넘겨준 이, 에릭 칸토나다. 1990년대 팀의 전성기 시절을 이끌었던 그는 1993-34 시즌 18골로 리그 최우수선수에 올랐고 5년 동안 네 번의 리그 우승과 두 번의 더블[15]을 이끌었다.

실력도 실력이지만, 무엇보다 에릭 칸토나하면 빠질 수 없는 것이 바로 '거칢'이다. 7번의 이름에 걸맞은 저돌적인 모습은 상대 선수를 넘어서 팬에게도 이어졌는데 경기 당시 관중에게 선보인 이단 옆차기, 일명 '쿵푸킥 사건'이 대표적인 예다.

1995년 1월 프리미어리그 크리스탈 팰리스와 원정 경기였다. 상대팀은 이날따라 홈구장의 이점을 살려 강팀인 맨체스터 유나이티드를 기죽이기 위해 거친 플레이로 일관했다. 조금씩 화가 치밀던 칸토나는 결국 보복성 반칙으로 퇴장 당했다.

홈팀 관중은 당연히 야유를 보냈고 그는 담담히 밖으로 향하던 중이었다. 하지만 갑자기 일이 커졌다. 칸토나가 갑자기 광고판을 뛰어넘어 한 관중에게 이단 옆차기를 날렸기 때문이다. 이 사건으로 그는 2주 동안 감옥에 갇히는 실형을 선고받았으며 120시간의 사회 봉사활동, 9개월의 출장 정지를 당했다.

사건과 관련해 기자 회견을 가진 칸토나는 의자에 앉아 이렇게 말했다. "When the seagulls follow the trawler, it's because they think sardines will be thrown into the sea(갈매기 떼는 어부들이 바다에 정어리를 뿌린다는 사실을 알기에 고깃배로 몰려든다)." 즉 모든 일에는 그에 상응하는 원인이 있다는 의미였다. 그리고는 몰려든 언론 매체를 남긴 채 회견장을 나가버렸다고 한다.

---

[15] 리그와 함께 FA컵, 또는 UEFA 챔피언스리그 우승 등 들어올리는 트로피의 개수에 따라 더블(2개) 혹은 트리플(3개)로 부른다.

▲ 관중석에 난입해 옆차기를 선보이는 칸토나

나중에 드러난 이야기로는, 당시 병상에 있던 칸토나의 어머니에 대해 관중이 좋지 않은 말을 했단다. 그래서인지 해당 관중 역시 이 사건으로 평생 축구 경기장 출입을 금지당하는 처벌을 받았다.

2011년 에릭 칸토나는 인터뷰 중 당시 쿵푸킥에 대해 "특별한 느낌이었다. 내 축구 경력의 하이라이트였다."고 당당히 밝히기도 했다.

조이 바튼

박지성이 맨체스터 유나이티드에서의 전성기 시절을 뒤로하고 QPR(퀸즈파크 레인저스)로 이적을 결정했을 때 몇몇 팬은 그를 몹시 걱정했다. 박지성의 이름값이 떨어질까봐? 아니다.

그곳에는 '악질 중의 악질'이라 불리던 한 선수가 있었기 때문이다. 심지어 그는 자신의 소셜네트워크 계정에 박지성을 환영한다는 '섬뜩한' 환영 인사 메시지를 올리기도 했다. '조이 바튼'이라는 선수의 이야기다.

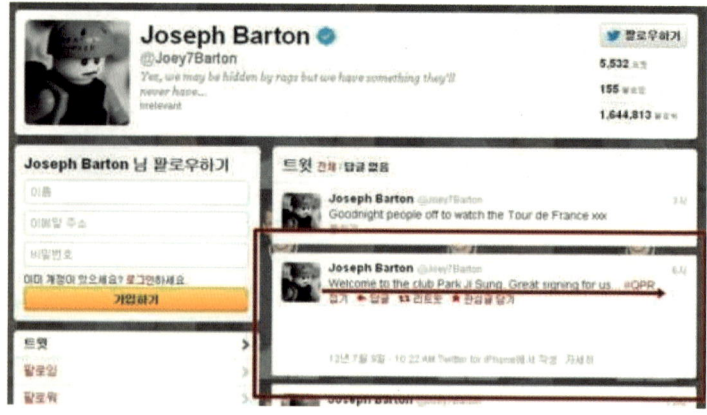

▲ "Welcome to the club Park"(어서와 지성아~!)

형과 동생이 살인죄를 저질러 감옥신세를 지는 등 가족력부터 일반적이지 않은 조이 바튼의 기행은 별다른 설명이 필요 없을 정도다. 간략히 정리한 '과거사'가 이 정도다.

• 2004년 12월 : 크리스마스파티에서 팀동료 제이미 텐디의 눈을 담배로 지져 6개월 주급 정지에 4주 주급 몰수.
• 2005년 5월 : 그의 고향 리버풀에서 운전하다 인도로 가던 행인에 교통사고 냄.

- 2005년 8월 : 15살 에버튼 팬 폭행. 8주간 주급 정지.
- 2006년 9월 : 에버튼과 경기 중 관중 앞에서 바지 내림(살해 혐의를 받은 그의 형을 조롱하는 팬을 향해 스트립쇼로 응수).
- 2007년 2월 : 잉글랜드 국가대표팀 자서전 비판.
- 2007년 3월 : 택시기사 폭행(기물 파손죄로 판결).
- 2007년 5월 : 팀 동료 오스만 다보 폭행. 소속 구단 맨체스터 시티에서 나옴.
- 2007년 12월 : 리버풀 시내에서 시민 폭행. 징역 6개월.
- 2008년 5월 : 리버풀 시내에서 신호위반과 버스전용 차로 침범 혐의.
- 2008년 7월 : 또 오스만 다보 폭행. 4개월 출장정지, 5000만원 벌금.
- 2010년 11월: 경기 중 패데르센 복부 가격.
- 2011년 8월: 제르비뉴와 멱살잡이(제르비뉴가 따귀를 때려서 제르비뉴만 퇴장. 하지만 이는 조이 바튼이 적절한 시비를 걸어 만들어낸 파울).
- 2011년 8월: 제르비뉴 사건으로 아스날 동료인 잭 윌셔가 트위터로 조이 바튼을 비판하자 트위터에 접속하여 말싸움.
- 2012년 5월: 마지막 38R 맨체스터 시티와 경기 중 테베즈를 팔꿈치로 친 이유로 퇴장 명령 받음. 항의하던 상대편 선수 아구에로를 무릎으로 찍어버리고 따지러 달려온 콤파니에게 박치기 함. 나가던 중 발로텔리와 시비가 붙었으나 코치진이 막음. 12경기 출장 정지.

이런 조이 바튼도 가끔은 피해자가 되기도 했다. 특히 2013

년 10월 26일 잉글랜드 챔피언십(2부리그) 번리와 경기 중 관중이 던진 콜라병을 맞은 일이 있었다. 해당 관중은 인터넷에 "내가 그에게 병을 던진 사람이다."라고 자랑 글을 올려 한창 '성질 죽이고' 살던 조이 바튼을 노골적으로 건드렸다.

▲ 트위터에 자신이 범인임을 시인한 팬

하지만 웬일인지 그는 "경기 중 일어난 일이니 신고할 생각은 없지만, 적당히 하라."며 점잖게 대답했다. "또 그랬다간 '에릭 칸토나 킥'을 받을 것이다."라는 회심의 일격과 함께.

Episode2

〈미워도 미워할 수 없는 그〉

스포츠계에서 하늘이 두 쪽 나도 친해질 수 없는 사이가 있다. 소통이란 존재할 수 없는 그들, 한 편은 대들기만 하고 다른 편은 일방적으로 이를 무시한다. 개와 고양이처럼 서로 꼴 보기 싫어 안달인 그 둘은 바로 감독과 심판이다.

싸움은 그들 간의 문제이기도 하지만 경기를 관람하는 팬에게도 피해를 끼친다. 돈 내고 보러 간 축구장에서 하라는 축구는 안 하고 줄곧 싸우기만 한다면 이보다 더 짜증나는 일이 있을까. 특히 국내 프로축구는 그러지 않아도 부족한 관중마저 심판과 감독의 잦은 다툼으로 더 잃었던 과거사가 있었다. 이에 한국 프로축구 연맹은 몇 해 전부터 경기 진행을 빠르게 하는 한편 감독의 부적절한 항의에 대해서도 징계를 강화했다. 뭐, 그렇다하더라도 불꽃 튀는 승부의 세계에서 이것저것 따질 겨를이 어디 있으랴. 그깟 징계쯤은 제쳐두고 열정을 다해 심판과 맞서는 감독이 있다. 국가대표 코치로 친숙한 지도자, 박항서가 대표적이다.

박항서 감독은 지난 2014년 4월 9일 프로축구연맹으로부터 5경기 출전 정지와 500만 원의 벌금 징계를 받았다. 상주 상무 소속의 지휘관으로서 FC서울과 가진 경기에서 양준아 선수가 퇴장 당하자 욕설과 함께 도에 지나친 항의를 한 데서였다. 당시 박 감독은 양복 상의를 벗어 든 채 터치라인까지 나와 심판을 향해 손가락질을 하며 거칠게 불만을 터뜨렸다. 특히 자신의 휴대폰까지 박살날 정도로 집어던지며 팬들이 보기에 다소 불편한 장면을 만들기도 했다.

▲ 많이 피곤하신 박 감독님

그런데도 팬들은 박 감독을 마냥 미워할 수 없다. 가끔씩 보여주는 그의 귀여운(?) 모습 때문이다. 타고난 성격부터가 '필드 위의 거칢'과는 거리가 먼 데다, 가끔 인터뷰나 광고 같은 운동 외적인 모습에서 드러나는 천성은 숨길 수가 없다. 특히 '항의 사건'이 있기 얼마 전인 3월 23일 전북 현대와 경기 중 그의 조는 모습이 적나라하게 찍혀 팬들을 웃게 만들기도 했다. 팀 공격수 하태균이 결정적인 기회에서 날린 슛이 빗나가는 찰나였는데 아무것도 모른 채 박 감독은 꿈나라를 여행하느라 정신이 없었다. 이를 본 해설자는 "기도하고 계신다."고 그를 감싸주며 재치 있게 상황을 넘기기도 했다.

박 감독이 분을 못 이겨 박살낸 휴대폰은 이미 약정이 끝난 상태였다나 뭐라나…

제3장
남녀상열지사

제3장 남녀상열지사

쌍화점(雙花店)에 쌍화(雙花) 사라 가고신된
회회(回回) 아비 내 손모글 주여이다
이 말스미 이 점(店) 밧긔 나명들명
다로러거디러 죠고맛감 삿기 광대 네 마리라 호리라
(중략)
삼장사(三藏寺)에 브를 혀라 가고신된
그 뎔 사쥬(社主) ㅣ 내 손모글 주여이다
이 말스미 이 뎔 밧긔 나명들명
다로러거디러 죠고맛간 삿기 상좌(上座) ㅣ 네 마리라 호리라
더러둥셩 다리러디러 다리러디러 다로러거디러 다로러
긔 자리예 나도 자라 가리라
위 위 다로러거디러 다로러
긔 잔 디ᄀ티 덦거츠니 업다

-고려가요 〈쌍화점〉 중-

'쌍화점에~쌍화 사러 들어갔더니~♪' 영화〈쌍화점〉에서 왕으로 나온 배우 주진모가 부른 노래의 한 구절이다. 다소 '오글거리는' 이 노래는 극 중 왕인 주진모를 중심으로 신하 조인성과 정약 결혼한 송지효 사이의 삼각관계를 간접적으로 드러내는 역할을 했다. 여기서 쌍화는 '만두'를 뜻하는데 어떤 여인이 만두가게에서 몽고인과, 절에서는 중과 정을 통한다는 이야기가 주된 내용이다.

고려가요에는 유독 남녀의 사랑을 읊은 노래가 많았다. 살펴본 〈쌍화점〉은 이 중 대표적인 곡이다. 조선의 학자들은 이런 부분이 탐탁지 않았다. 엄격한 학자 정신과 맞지 않았기 때문이다. 그들은 남녀의 정을 주로 다뤘던 고려가요를 두고 남녀의 사사로운 기쁨만 그린 시문, 즉 '남녀상열지사(男: 사내 남, 女: 계집 녀, 相: 서로 상, 悅: 기쁠 열, 之: 갈 지, 詞: 시문 사)'라 하며 낮춰 불렀다.

다소 문란해 보이는 당시 남녀의 연애사가 왠지 축구 선수들의 '왕성한 연애 활동'과 닮았다. 남녀의 사랑은 시대를 막론하고 인간의 삶에서 없어서는 안 될 것이기는 하나 곧 살펴볼 선수들의 '불같은 사랑'은 너무했다 싶다.

'습습후후', 심호흡 한 번 하고 그 파란만장한 이야기로 들어가 본다.

1. 가린샤

앞서 '술' 편에서 나왔던 축구 천재 가린샤가 재등장했다. 흔히 남자는 '술, 여자, 도박'을 자제해야 한다는 말이 있는데 그는 이 중 '술과 여자'를 무척이나 즐겼다. 도박은 하지 않았다. 유아 수준의 지능을 가졌던 가린샤에게 도박은 '너무 어려운 어른 놀이'였을 것이다.

가린샤의 '타고난 본능'은 축구에만 국한되지 않았다. 여자를 향한 그의 열정 역시 그야말로 '본능적 움직임'에 가까웠다.

브라질 보타포고 소속 시절 가린샤는 팀의 스웨덴 투어에 따라 나섰다. 이곳저곳을 다니던 그는 그 지방 아가씨를 한 명 알게 되었고 둘은 젊음을 불태웠다. 그녀는 덜컥 임신을 했지만, 가린샤에게는 중요하지 않은 문제였나 보다. 아무 일 없었다는 듯 브라질로 돌아왔다.

▲ 가린샤의 전 부인이자 삼바 가수인 소아레스

가린샤는 자녀가 엄청 많았다고 전한다. 그의 아내 중 한 명이었던 '나이르'와 8명의 아이를 낳았는데, 5번째 아이를 출산할 당시 원래 정부였던 '이라시'라는 여인에게 그 사실을 알리기도 했다. 브라질 삼바 가수였던 '엘자 소아레스'와도 결혼했는데 10

년째 되었을 때 그들의 백년가약은 파국으로 치달았다. 말싸움 중 가린샤는 폭행을 저질렀고 화난 소아레스가 집을 나가버렸기 때문이다. 이후에도 그는 수많은 여자들과 정사를 나누었는데, 그중에는 쇼걸들도 있었다. 추정되는 자녀만 해도 최소 14명에 이른다. 12세 때 염소에게 동정을 잃었다는 여담도 전한다.

사실 축구선수로서 그의 존재는 양날의 검이었다. 장애로 인해 발달하지 못한 지능은 복잡한 전술을 이해하기에는 문제가 많았기 때문이다. 그의 움직임은 공을 향한 본능에 가까웠고 천재적인 실력으로 그냥 공놀이를 하듯 경기에 임했다. 한 번은 수비진과 골키퍼를 모두 제치고 빈 골대 앞에서 기다리다 수비가 달려오자 그를 다시 제치고 골을 넣는 행동을 했다. 2골이나 넣어 놓고도 수비가 달라붙는 것이 짜증나 상대를 걷어차고 퇴장 당하는 일도 있었다. 그래서 브라질 감독은 가린샤를 뽑을 때 많은 고민을 해야 했다.

2. 호나우두

포르투갈의 크리스티아누 호날두가 아니다. 최초로 '헛다리 짚기'를 완벽하게 구사하며 세계최고의 공격수라 칭송받던 브라질의 호나우두다. 그는 원래 유명 테니스 선수 등 여성들과 숱한 염문을 뿌리고 다녔던지라 팬들은 웬만한 사건이 아니고서는 그리 충격을 받지도 않았다. 하지만 팬뿐만 아니라 호나우두 자신도 깜짝 놀란 일이 있었다.

때는 2008년 이탈리아 AC밀란 소속 시절. 호나우두는 무릎 부상으로 잠시 훈련을 중단하고 재활에 전념하고 있었다. 팀은 그의 치료에 더 많은 도움을 주고자 고국인 브라질로 돌아가 재활하도록 배려해주었다. 그런데 구단으로 어이없는 소식이 날아들었다. 한창 재기를 준비하는 중인 줄 알았던 호나우두가 뜬금없이 섹스 스캔들에 휘말렸다는 것이었다. 충격적인 사실은 상대들이 '3명의 여장 남자 콜걸'이라는 점이었다.

뭐, 어찌됐든 자기들끼리 사이좋게 놀면 좋았을 걸. 문제가 터진 부분은 바로 접대 비용에서였다. 호나우두는 자신이 엄연한 피해자라고 주장했다. 그들이 남자인지 몰랐다는 것이다. 호나우두의 주장을 빌리면, 그는 여자 친구와 축구경기를 관람한 뒤 그녀를 집에 데려다주고 클럽으로 향했다. 그곳에서 친구들과 파티를 즐긴 후 그는 새벽 4시 무렵 근처 거리에서 접대 여성 한 명을 차에 태워 호텔로 갔다.

그는 만족을 모르는 남자였다. 여러 명과 즐기고 싶었던 호나우두는 접대 여성의 친구 2명을 더 불렀고, 그렇게 뜨거운 밤을 보내려던 찰나 수상한 점을 발견했다. 자세히 보니 그들은 여장 남자였다. 질겁한 호나우두는 접대비로 1천 헤알(약 50만 원)씩을 쥐어주고 그들을 보내려 했다. 하지만 알베르티니라는 여성이 적은 액수에 실망해 욕심을 부리면서 마찰이 생겼다. 호나우두는 "그가 입막음 대가로 5만 헤알(약 2500만 원)을 요구했다."라고 하며 자신이 협박을 받았다고 말했다.

그러나 접대부인 알베르티니의 주장은 또 달랐다. 그녀(그)의 증언으로는, 이미 자동차 안에서 분위기를 달군 둘은 호텔로 향했고 이때 호나우두는 자신과 친구 둘 모두가 남자란 사실을 알았다고 한다. 일을 모두 마친 후 호나우두는 코카인을 권하기까지 했는데, 호나우두는 대가로 1천 헤알(약 50만 원)을 주면서 그날 밤 일을 비밀로 해주길 바랐다. 하지만 너무 적은 서비스 값에 말싸움이 벌어졌고 화난 친구 둘은 방을 나갔지만 알베르티니 자신은 물러서지 않았다. 그리고 밖에 나가 호나우두우의 차를 부수고 운전면허증을 훔쳐버렸다.

▲ 알베르티니가 훔친 호나우두의 운전면허증

한때 브라질 유튜브 사이트에는 콜걸이 당시 상황을 찍은 영상이 돌았는데, 그들의 다툼이 적나라하게 담겨 있었다. 이 짧은 동영상은 엄청난 파문을 몰고 왔고 호나우두는 큰 망신을 당했다.

브라질에서는 성매매가 합법이긴 하다. 게다가 호나우두의 코카인 흡입 여부는 확실하지 않아 혐의를 입증하기 어려웠다. 하지만 이 사건은 단순히 호나우두의 일탈이 합법이냐 불법이냐의 문제 이상의 것이었다. 복귀를 위해 열심히 준비 중인 줄 알았던 호나우두가 또 문제를 일으켜 팬들을 적잖이 실망하게 했기 때문이다. 자기관리에 실패한 그는 결국 소속팀이었던 AC 밀란에서 방출되어 브라질로 돌아가야 했다.

3. 베켄 바우어

'리베로'라는 포지션이 있다. 현대 축구에서는 자주 쓰이지 않지만 '쓰리백'을 쓰던 과거에는 꽤 유행했다. 역할은 간단히 말해 세 명의 최종 수비수 중 가운데 위치한 '스위퍼'에게 공격적 움직임이 포함된 것이다. 리베로는 직접 공격까지 나가 골로 이을 수 있는 능력을 가진 선수에게 주어졌다. 베켄 바우어는, 축구 역사를 통틀어 그 일을 가장 완벽하게 해낸 선수로 남아있다.

이곳저곳 가리지 않고 움직이며 실력을 발휘했던 베켄 바우어. 이는 어쩌면 그의 자유분방한 성격에서 기인한 것은 아니었을까. 한 곳에 얽매이지 않는 특유의 기질은 그를 한 여성에게만 머무르게 하지 않았다.

여기저기 가정을 꾸려 만인의 가장이 되길 자처했던 베켄 바우어. 하지만 그를 비판하는 이들은 의외로 많지 않다. 타인의 삶에 크게 신경 쓰지 않는 외국 문화의 특성이기도 하거니와 그가 이룬 선수와 감독으로서 업적이 워낙 대단해서였으리라.

2006년 베켄 바우어는 세 번째 결혼식을 올렸다. 당시 그는 60세, 신부는 21세 연하였다. 독일 월드컵이 열리는 동안 열린 '깜짝 웨딩마치'에 대해 베켄 바우어는 "어떤 소동 없이 조용히 치르고 싶었다."고 말했다. 아주 조촐했다. 결혼 증인으로 부인 차멕과 함께 자녀 조엘(5세)과 프란체스카(2세), 베켄 바우어의 형제와 사무소 공무원이 전부였다. 지나치게 소박한 결혼식, 자기도 무언가 찔리는 구석이 있었나 보다.

'가족의 재구성'은 베켄 바우어에게 꽤나 흔한 일이었다. 2004년 11월 이미 베켄바우어는 두 번째 부인인 지빌레와 이혼했는데 둘 사이에 자녀는 없었다. 사실 그녀와 갈라서던 무렵 그는 이미 혼외정사로 낳은 아들이 있었다. 책임감을 느낀다며 사생아인 아들에게 신경을 써주고 싶다는 말을 남긴 채 그는 새로운 가정을 꾸리려 했다. 딸을 한 명 더 낳고 싶다고까지 한 그는 아이의 엄마에게 집을 사주는 등 착실한 모습을 보였으나 '사랑의 유통기한'은 짧았다. 3년 후 그는 다른 여성을 찾아 떠났다. 그리고 이 여성 이후에 세 번째 부인을 만났다는 점 역시 놓쳐서는 안 된다.

베켄 바우어는 18세 때 아버지가 되었다고 한다. 1966년 그의 첫 번째 아들 토마스가 태어나면서 그의 결혼 생활은 시작되었다. 이후 미샤엘과 스테판을 더 가졌고 꽤 오랫동안 가족을 유지했다. 1990년 첫 번째 부인과 이혼하기 전까지 말이다.

나이도 나이인 만큼 아무쪼록 세 번째 부인이 그의 마지막 여자이길 바란다.

4. 올리버 칸

독일 분데스리가 최우수골키퍼 7회, 유럽 최우수 골키퍼 4회, 그리고 발롱도르 3위 2회 수상 등 올리버 칸은 2000년대 최고의 수문장이었다. 당시 세계를 통틀어 가장 '잘 막는' 골키퍼였던 그는 독일 국민이 내세울 만한 자랑이 '되려던 참'이었다. 하지만 그는 한 순간에 독일인의 부끄러움으로 변해버렸다.

올리버 칸은 독일 주간지가 뽑은 '가장 불쾌한 독일인 1위'에 뽑혔다. 그가 저지른 불륜이 문제였다. 2003년 당시 그의 아내 시모네는 둘째를 임신 중이었다. 얼마나 중요한 시기인가. 임신 때 느끼는 서운함은 평생 간다는 말이 있듯이 올리버 칸은 아내와 가정을 위해 최선을 다해야 했다. 하지만 그 중요한 때 올리버 칸은 어느 디스코바에서 만난 '베레나'라는 호스티스와 눈이 맞았다. 모두가 한 순간의 불장난이겠거니 했지만 그는 당당히 "이건 사랑이야."라고 외치며 제대로 부인의 뒤통수를 쳤다.

▲ 칸의 불륜을 대대적으로 보도한 지역 언론

그들의 사랑(?)은 계속됐다. 2004년 독일 대표팀이 일본 원정을 가 있을 때 '산케이스포츠' 신문이 그와 베레나의 연애장면을 포착했다. 당시 대표팀 감독이었던 클린스만은 "선수가 개인적으로 누구와 만나도 상관없다."라고 말했지만 독일이 일본에 졌다면 큰 문제가 될 뻔했다. 독일은 일본에 3대 0 완승을 거뒀다.

2005년에 들어서 올리버 칸은 각종 매체 인터뷰를 통해 자신의 방탕했던 삶을 어느 정도 반성했다. 특히 이 해 크리스마스는 별거 중이었던 부인, 자녀와 함께 보내겠다며 선언하기도 했다. 그는 "나에게 크리스마스는 가족행사다. 이때만은 모든 걸 전통적으로 진행해야 한다"며 "자녀들과 함께 시를 읽고 성탄절 노래를 부르겠다."고 다짐했다. 동거녀 베레나에게는 양해를 구했다고 말했는데, 과연 전 부인이 그를 반겼을까. 받아들이기 어려운 '개방적 문화'다.

그러던 2006년 그의 사랑이었던 '베레나'가 다른 남자와 데이트하는 사진이 찍혔다. 소속팀이었던 뮌헨의 일본 원정에 함께한 사이 그녀가 올리버 칸을 처음 만났던 디스코바에서 한 남성과 다정하게 나오는 장면이 언론에 보도됐다. 이때 그의 심정이 어땠을까.

2010년 마침내 올리버 칸은 전 부인과 공식 이혼했다. 더불어 2006년에 이미 다른 남자와 데이트를 즐기는 모습이 발각됐던 베레나와 관계 역시 정리가 됐다. 얼마 뒤 그는 '스벤야'라는 여성을 사귀게 되었고 2011년 그녀 사이에서 아들을 낳았다. 둘은 공식 석상에 함께 참석하는 등 단란한 모습을 보이며 애정을 과시하고 있다.

5. 라이언 긱스

라이언 긱스는 '기록의 사나이'다. 맨체스터 유나이티드에서 데뷔한 이래 총 24시즌을 한 곳에 머무른 원조 '맨유맨'이다. 마지막 2013-14 시즌까지 총 963경기를 뛴 그는 팀의 전설이던 보비 찰튼의 최장 출전기록(759경기)을 일찌감치 경신하며 새로운 전설이 되었다. 이외에도 2011년 9월 벤피카 전에서 만 37세 나이로 골을 넣어 UEFA 챔피언스리그 사상 최고령자 득점을 기록하는 등 이력을 따지자면 끝이 없다. 오죽하면 '긱스의 시간은 거꾸로 간다[16]'라는 말이 생겼을까. 특히 퍼거슨 다음으로 지휘봉을 잡은 모예스 감독이 부진으로 인해 사퇴 당했던 2013-14시즌 긱스는 대행 감독직을 맡았다. 그야말로 '자기가 짜고 자기가 뛰는' 경지에 도달한 셈이었다.

라이언 긱스는 또한, 최고의 사냥꾼(?)이다. 그가 골을 많이 넣어서? 아니, 축구와는 전혀 상관없는 일로 말이다. 뭇 여성의 마음을 송두리째 흔들어 놓는 '시티헌터'적 기질은, 그의 선수로서 이력만큼이나 화려하다. 2010-11 UEFA 챔피언스리그 맨세츠터 유나이티드와 바르셀로나 결승전이 열리기 1주일 전 스코틀랜드 일간지 '헤럴드 스코틀랜드'는 축구 선수의 불륜 기사를 보도했다. 웨일스 출신의 모델 이모젠 토머스와 혼외정사를 벌인 누군가에 대한 뉴스였는데, 1면에 큼지막하게 해당 선수의 얼굴이 실렸다. 양쪽 눈 부위를 검은색 띠로 가려놓았지만, 특유의 무성한 수염과 군데군데 보이는 흰 머리카락은 유독 한 선수를 떠올리게 했다. 그것은 누가 보더라도 라이언 긱스였다.

---

[16] 영화 '벤자민 버튼의 시간은 거꾸로 간다'의 패러디

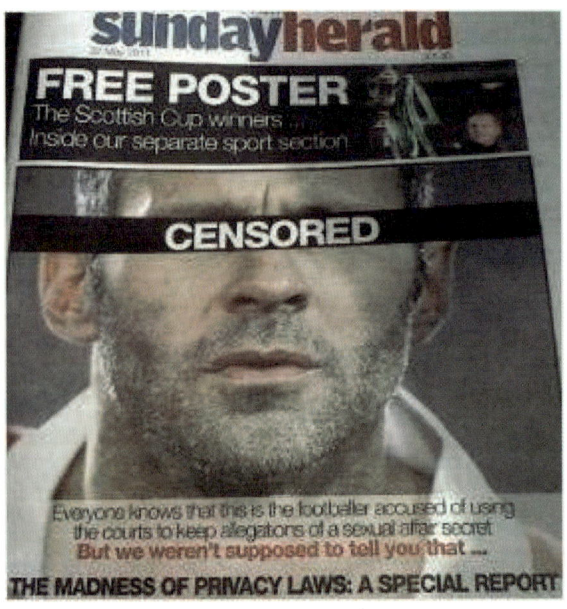

▲ 독보적인 수염을 자랑하는 긱스

    중요한 경기를 앞둔 상황에서 터진 불륜설이라 당시 감독이었던 퍼거슨 역시 예민하게 반응했다. 그는 "최근 선수들의 사생활과 관련한 언론의 행태는 다루기 힘든 짐승 같다."고 말하며 라이언 긱스를 감쌌지만, 여론의 질타는 거셌다. 크리스티아누 호날두와도 염문설이 있었던 이모젠 토머스는 "다시는 축구선수와 만나지 않겠다."며 언론의 행태에 치를 떨었다.

    그런데 이 사건이 '진짜 문제'를 터뜨리는 도화선이 되었다. 기사가 나온 2주 뒤 영국 신문 '뉴스 오브 더 월드'는 라이언 긱스가 친동생 로드리 긱스의 아내인 나타샤와 8년째 불륜 관계를 이어왔다고 폭로한 것이었다. 그가 나타샤를 처음 만난 건, 그녀가 긱스의 동생인 로드리와 결혼하기 훨씬 전인 2003년경이었다. 부인 스테이시는 당시 첫 딸을 출산했는데 그해 한 호텔의 나이트클럽에서 긱스는 당시 20살이었던 나타샤를 처음 만나 무려 8년 동안 깊은 관계를 가져왔다는 것이다. 이후 공교롭게도 그의 동생 로드리와 나타샤가 사귀고 결혼까지 하면서 제수와 시숙 관계가 되어버린 둘 사이는 불륜을 뛰어넘는 심각한 '패륜' 관계로 발전했다. 나타샤는 2005년 로드리의 청혼을 받아들였지만 2006년 6월 자선 골프 대회에서 라이언 긱스와 잠자리를 갖는 등 2011년 4월까지 부적절한 관계를 이어갔다.

이들의 불륜은 놀랍게도 나타샤 본인의 폭로로 만천하에 드러났다. 그녀는 모델 이모젠 토마스와 긱스의 스캔들이 터진 후 심적 상처를 받았다고 했다. 나타샤는 "우리 관계는 그저 성적인 것에 그쳤나 보다."고 친구에게 전했고, 그녀의 친구가 방송에 나와 이를 전하며 공개적으로 긱스를 비판했다.

하지만 나타샤가 말한 '진정한 사랑'에 동조해주기는 어렵겠다. 그녀 역시 긱스를 만나는 동시에 다른 맨체스터 유나이티드 선수와 '양다리'를 걸쳤다는 사실이 드러났기 때문이다. 나타샤의 지인은 어느 매체의 인터뷰에서 "나타샤가 긱스의 팀 동료와 사귀고 있다는 사실은 공공연한 비밀"이라고 하며 어떻게 그녀가 남편 로드리 긱스, 그리고 시숙인 라이언 긱스 외에 다른 남자를 만났는지 놀라워했다. 해당 동료는 100경기 이상 출장한 윙어라고 알려졌다.

한 가지 더 남았다. 충격적이게도 라이언 긱스의 추파는 제수인 나타샤를 넘어 그녀의 어머니, 즉 동생 로드리의 장모인 로레인 레버에게도 이어졌다고 한다. 영국의 스포츠 전문지 '미러풋볼'은 라이언 긱스가 예전부터 동생 아내인 나타샤의 식구 모임에 자주 참석했으며 로레인 레버와 부적절한 관계를 맺었다고 전했다. 동생 로드리의 최측근은 "긱스가 레버에게 편안함을 느꼈고 둘은 곧 가까운 사이가 됐다"며 "매번 레버에게 농도 짙은 장난을 하는 긱스를 두고 주위 사람들이 조심하라고 했지만 결국 일이 터지고 말았다"고 했다.

당연히 동생 로드리와 형 라이언의 관계는 파탄이 났다. 사건 이후 로드리는 인터뷰에서 라이언 긱스를 향해 "인간 이하다. 남편일 때보다 감독일 때가 낫다."고 하며 대놓고 그를 비난했다. "난 항상 형이 훌륭한 사람이라고 생각했다. 그저 수치스러울 뿐이다. 형은 내게 어떠한 사과의 말도 없었다. 내 인생을 짓밟았다"며, 그야말로 분노를 감추지 않았다.

"걸음이 느려지니 두뇌가 빨라지더라."는 말을 남긴 긱스의 여성 편력은 걸음이 느려지기 훨씬 전부터 발동이 걸렸었나 보다.

6. 데이비드 베컴

'택배 크로스, 닭 벼슬 머리, 염소 목소리' 등 베컴을 수식하는 말은 다양하다. 그가 최고의 축구 스타라는 점을 증명하는 부분이다. 특히 흠잡을 데 없는 외모로 각종 브랜드 모델로서 활동하기도 한 베컴, 엄청난 재력까지 갖췄기에 주위에 여성들이 많은 것은 당연한 일이었다.

맨체스터 유나이티드에서 최고의 주가를 올리던 베컴은 1999년 7월 영국 유명 그룹 '스파이스 걸스'의 빅토리아 아담스와 결혼했다. 당시 감독이었던 퍼거슨의 말처럼 이때부터 베컴은 소위 '스타병'에 도취되는데 축구보다는 유명인사로 활동하는 데 여념이 없었다. 자연스럽게 새로운 이들과 어울리는 일도 잦아졌고 조금씩 부인 외에 다른 쪽으로 눈을 돌렸다. 그러던 중 큰 사건이 터졌다.

유로 2004 출전을 앞두고 있던 그해 4월 베컴의 매니지먼트 직원이었던 레베카 루스는 그와 혼외정사 관계를 폭로했다. "베컴은 열정적인 파트너였다. 우리는 진심으로 사랑했고 잠자리에서 서로 부족함을 채워줬다." 순도 100%의 끈적한 폭로였다. 당시 베컴은 맨체스터 유나이티드에서의 성공을 기반으로 스페인 명문 레알 마드리드에 소속된 상태였다. 외로운 스페인 생활이 계속될 즈음 루스와 부적절한 관계를 맺은 것이었다. 실제 그들이 클럽에서 함께 나가는 장면이나 서로 주고받은 깊은 내용의 문자 등이 발견되었다.

루스와 관계를 두고 끝까지 인정하지 않다 결국 부인에게 눈물로 속죄했다는 베컴. 사실 그와 여성들의 염문설은 끊이질 않았다. 베컴의 최측근이라 할 수 있는 개인 경호팀장의 증언에 따르면 그가 스페인 출신의 애나, 마리아, 그리고 터키 여성 딜레크 등과 자주 어울렸단다. 특히 공통적으로 부인인 빅토리아를 빼닮은 여성들이 많았다고도 했다. "몇 여성은 아침이 밝도록 그의 침실에서 나오지 않았다."라는, 쓸데없이 친절한 증언도 보탰다.

인기 많은 남편을 둔 부인 빅토리아는 마음고생이 이만저만이 아니다. 2007년 5월경 빅토리아는 베컴과 함께 런던의 한 레스토랑을 찾았다. 여기서 베컴은 식사 중 눈에 들어온 한 모델에게 추파를 던졌고 이를 본 빅토리아가 그의 손목을 잡고 식당에서 끌고 나왔다.

그녀는 남성 편력이 강하기로 유명한 패리스 힐튼에게도 경고의 메시지를 날린 적이 있다. 베컴이 미국 LA 갤럭시로 이적하자 힐튼이 그에게 적극적인 관심을 보였다는 동료들의 증언이 있었기 때문이다. 그녀는 여성 스타들이 남편과 함께 있을 때 불쾌함을 느낀다고 하며 "남편을 신뢰하지만, 파티를 좋아하는 LA 여자들의 접근을 관대하게 여기지 않겠다."라며 선포했다.

▲ 발장난 치다 딱 걸린 베컴

한편, 부인의 마음을 풀어주는 베컴의 화해법이 유명하다. 가히 엄청난 재력을 가진 스타답다. 불륜설로 이혼 위기에 닥칠 때마다 그는 부인에게 값비싼 선물로 그녀의 마음을 돌려놨는데, 21억짜리 다이아몬드 반지를 사는가 하면 장모에게도 2억 상당의 고급 자동차를 선물했다. 이외에도 많은 용서와 선물이 그녀에게 향했다. 60억 짜리 요트도 덜컥 살 정도니, 액수는 그리 중요한 문제가 아닌 듯하다.

7. 웨인 루니

축구계 '불륜의 흑역사'를 논할 때 이 남자가 빠져서는 안 된다. 라이언 긱스와 데이비드 베컴 이후 맨체스터 유나이티드의 '불륜 계보'를 이은 주인공, 웨인 루니다. 안타깝다. 곁에 아무도 없으면 이해라도 되겠지만, 가정이 있는 남자가 말이다. 루니는 그야말로 손이 발이 되도록 싹싹 빌었다.

루니는 성인이 된 이후 10대들과의 섹스 스캔들로 곤욕을 치렀다. 2004년 19세였던 매춘부 3명과 관계를 가졌기 때문이다. 언론에 사실이 들통이 났고 현재의 부인, 과거 당시 여자친구였던 콜린에게 오랫동안 용서를 빌어야 했다. 이때 행동에 대해 루니는 "깊이 후회한다. 어리고 철이 없을 땐 실수를 하기 마련이다."라며 시원스레 잘못을 인정했다.

루니는 특히 여럿이 함께 즐기는 취향을 가졌다. 10대 때 저지른 스캔들로 그랬거니와 2007년 팀 동료들과 크리스마스 파티에서도 그는 스리섬[17] 의혹에 휘말렸다. 문제가 많은 파티였다. 동료인 에반스는 강간 혐의로 조사를 받고 보석으로 풀려나기도 했다.

그리고 3년 뒤인 2010년 루니의 '끈적한 취미 생활(?)'은 다시 한 번 세상에 드러났다. 싱글맘 출신의 매춘부 헬렌 우드는 잉글랜드 주간지 '선데이 미러'와 인터뷰를 통해 동료인 제니퍼 톰슨, 그리고 웨인 루니와 스리섬을 했다고 고백했다. 만남 당시 루니의 부인 콜린은 아들을 임신한 상태였다.

루니는 이전 해인 2009년 7월 5성급 호텔을 예약한 뒤 헬렌 우드와 함께 저녁식사를 하고 있던 톰슨에게 문자를 보냈다. 톰슨의 권유로 우드는 함께 루니가 있는 호텔을 방문했고, 그때부터 루니는 밀회를 시작했다. 우드는 "루니는 함께 있는 내내 긴장하는 기색이 역력했고 머리를 긁곤 했다. 이후 그는 이것이 외부로 드러나면 자신의 결혼생활이 끝난다며 아무 말도 하지 말아줄 것을 요청했다."고 말했다.

루니의 부탁에도 불구하고 달리 톰슨이 이 사실을 폭로해버렸다. 그녀는 "루니가 우리에게 콜린이 임신 중이라고 얘기를 할 때 눈물을 보이려 했다."며 그를 감싸는, 다소 앞뒤 행동이 안 맞는 발언을 하기도 했다.

우드는 그녀의 동료인 톰슨과 함께 맨체스터의 한 카지노에서 루니와 그의 친구, 그리고 루니의 소속팀 동료인 리오 퍼디난드와 만난 기억도 떠올렸다. 당시 친구를 동반한 채 루니는 VIP 화장실로 들어가 톰슨과 키스를 나누었다. 그러던 중 퍼디난드가 화장실로 들어와 루니에게 "여기서 뭐하는 짓이야? 사람들이 널 보고 있잖아"라고 소리를 지르기도 했다고 한다.

---

17) 3명이 동시에 성관계를 갖는 것

사건들에 대해 2010년 10월 루니는 처음으로 심경을 고백했다. "지금은 나는 매우 힘든 시기를 지나고 있다. 나도 단지 인간이기 때문에 상처를 받았다. 현재는 오로지 어떻게 좋은 모습을 보일지만 생각한다."라고 하며 나름의 고뇌를 드러냈다.

▲ 루니와 콜린의 결혼 6주년 기념사진

화해 방법은, 역시 물량공세만한 게 없다. 그는 휴가 5일 동안 2만 파운드(3600만 원) 가량의 정성을 쏟아 부으며 그녀에게 용서를 구했다. 두바이 최고급 호텔에 머무르며 값비싼 와인과 함께 속죄의 시간을 보냈다는 루니. 항간에는 부인에게 1만 파운드짜리 가슴 확대 수술을 시켜줬다는 이야기도 있었다. 확연히 달라진 그녀의 가슴 모양 때문이다.

이런저런 사건에도 다행히 그들은 단란한 결혼 생활을 유지하고 있다. 가장 최근인 2014년 6월 13일은 루니와 콜린 부부의 결혼 6주년 날이었다. 부인 콜린은 자신의 트위터에 "6년 전 오늘 나는 루니 부인(Mrs Rooney)이 되었다"면서 "그 동안 좋은 때도 나쁜 때도 있었지만 우리 부부는 그 어느 때보다 강하다."는 글을 올려 애정을 과시했다.

8. 존 테리

사랑과 우정 중 하나만 택하라면, 대부분의 여자는 사랑이 먼저라고 말할 것이다. 남자는 다르다. 사랑만큼이나 우정도 중요하다. '사랑이 먼저'라고 말하는 남자를, 여자는 싫어한다고 방송에서 본 적이 있다. 하지만 여성들은 알아야 한다. 수컷의 틈바구니에서 '내 여자가 먼저야. 그녀는 내 모든 것이야.'라고 선뜻 말하는 이가 있다면, 그는 여자에게 꽉 잡혀서 분위기 살필 줄 모르는 옹졸한 인간으로 여겨질 수도 있다는 사실을.

친구의 여자를 뺏은, 우정 대신 한 순간의 욕정을 택한 존 테리는 그래서 더욱 옹졸해 보인다.

존 테리와 웨인 브릿지의 인연, 아니 '악연'은 그 둘이 첼시에서 한솥밥을 먹으면서 시작됐다. 그들은 팀 동료 이상으로 친하게 지냈는데 같은 동네에 살면서 식사와 술자리를 자주 가지기도 했다. 존 테리는 사실 이전에도 여러 여자와 불륜설이 돌았는데 그를 위해 웨인 브릿지가 자신의 집을 밀회 장소로 내줄 만큼 친한 사이였다고 하니 둘은 정말 베스트 프렌드였나 보다.

그러던 중 웨인 브릿지는 2009년 첼시에서의 생활을 마치고 맨체스터 시티로 이적한다. 두 팀의 홈구장이 있는 런던과 맨체스터는 기차로 4시간 정도를 오가야 하는 꽤나 먼 거리다. 당시 웨인 브릿지에게는 이미 오래전부터 사실혼 관계로 한 집에서 지낸 바네사 페론첼이라는 애인이 있었는데, 이들 사이에는 아들도 있었다. 하지만 그녀는 웨인 브릿지를 따라 맨체스터로 가지 않았다. 왜 그랬을까.

존 테리와 바네사의 불륜설은 2010년 1월 공식적으로 신문에 보도됐다. 하지만 이미 한 달 전에 어떤 유부남 축구선수가 동료의 애인과 바람을 핀다는 말이 인터넷에 올라오기 시작했다. 팬들을 화나게 한 점은 그 선수가 개인사생활 보호를 위해 법원에 언론보도 금지 요청을 했다는 사실이었다. 온갖 추측이 생기면서 그 주인공이 존 테리가 아니냐는 말이 돌기 시작했을 즈음, 영국 고등법원이 판결을 내렸다. 공인의 사생활은 보호받아야 하는 것이 맞지만, 잘못을 비판할 수 있는 언론의 자유 역시 보장되어야 한다는 말이었다.

영국 언론은 앞 다투어 존 테리와 바네사의 불륜 사건을 터뜨리기 시작했다. 신문 1면에 대문짝만하게 그와 바네사의 얼굴이 실렸다. 존 테리는 당장 발등에 불이 떨어졌다. 이혼을 결심한 부인은 애들을 데리고 두바이로 떠나버렸고 내연녀인 바네사에게는 언론의 인터뷰 요청이 쇄도했다. 그리고 첼시와 국가대표팀에서 우정을 쌓은 웨인 브릿지와 어떻게 화해할 것인지도 숙제로 남아 있었다.

먼저 그는 아내와 화해하기 위해 두바이로 곧장 날아갔다. 어떤 식으로 빌었는지는 누구도 알지 못하지만, 어쨌든 부인은 그의 용서를 받아주었다. 그리고 한 달 뒤 내연녀였던 바네사에게 75만 파운드(약 13억7000만원)를 주며 조용히 지내도록 당부했다는 사실이 드러났다. 바네사가 존 테리의 아이를 임신한 적도 있었다는데 돈을 주고 중절 수술을 하게 해 위기(?)를 모면한 적도 있었다고 한다.

"치욕스럽다. 어떻게 이런 배신을 할 수 있는지. 누구 하나 믿을 사람이 없다"라며 분노한 웨인 브릿지와 화해가 마지막 과제였다. 놀랍게도 존 테리는 그에게 진심어린 사과의 말은 전하지 않았다. 다만 2008-09 시즌 첼시와 맨체스터 시티 경기에서 그는 웨인 브릿지와 악수를 나눌 것이라고 밝혔을 뿐이었다. 그리고 경기 당일 존 테리는 그를 의식해 슬쩍 바라보며 손을 내밀었지만, 웨인 브릿지는 존 테리를 유령 취급하며 지나가버렸다. 1년 뒤 웨스트햄으로 옮긴 웨인 브릿지와 재회에서 다시 악수를 건넨 존 테리는, 역시나 보기 좋게 화해를 거절당했다. 그들의 악연은 2010 남아공월드컵 준비 당시 잉글랜드 국가대표팀에서도 이어졌다. 웨인 브릿지는 감독의 출전 요구에도 불응하며 존 테리와 함께 뛴다면 대표팀에 있지 않겠다고 못 박기도 했다.

바네사와 존 테리의 부인인 토니 풀 역시도 친구 사이였는데, 이번만큼은 토니도 그냥 넘어갈 생각이 아니었나보다. 용서를 받아주고 결혼생활을 다시 이어가는 대신 그녀는 존 테리에게 몇 가지 조건을 내걸었다. 내용은 훈련을 마친 후 곧장 집으로 돌아온다거나 시가지에서 많은 시간을 보내지 않는 것, 그리고 함께 결혼 생활을 위한 상담을 받는다는 약속 같은 것이었다.
 한 가지 더.
 유전자의 힘은 강했다. 축구 선수로 뛰는 존 테리의 형 '폴 테리' 역시 팀 동료에게 동생이 했던 것과 똑같은 일을 저질렀다. 상황은 더 심각했다. 그에게 여자를 뺏긴 상대 선수가 자살해버렸기 때문이다.

▲ 부전자전이라는 말은 옛말, '형전제전'이다

존 테리 불륜 사건이 터진 것과 같은 해인 2010년 12월 영국 매체는 형인 폴 테리가 동료인 데일 로버츠의 애인 린지 코웬과 불륜행각을 벌였고, 이 충격으로 로버츠가 15일 자살했다고 보도했다. 폴 테리와 로버츠는 잉글랜드 5부 리그의 러시덴 & 다이아몬드 FC에서 한솥밥을 먹은 동료였다.

골키퍼였던 로버츠가 부상으로 경기장에 모습을 드러내지 않자 폴 테리는 동료의 애인인 린제이 코웬과 시간을 보내기 시작했다. 그리고는 결국 불륜을 저질렀고, 5월 코웬이 로버츠에게 사실을 고백한 뒤 이별을 선언했다. 결국 로버츠는 폴 테리와 함께 뛰길 거절했고 8월 달링턴으로 팀을 옮겼다. 하지만 상심이 컸던 로버츠는 결국 몇 달 뒤 자신의 집에서 극단적인 선택을 하고 말았다. 그의 집으로 출동한 경찰은 자살 흔적 외에는 아무런 단서도 찾지 못했다.

"형만한 아우 없다."는 옛말이 잘도 맞아 떨어진 형제의 '흑역사'이다. 상처 받은 동료에게 미안한 마음에서라도 앞으로 둘은 충실히 가정을 꾸려야 하겠다.

9. 크리스티아누 호날두

당신의 애인이 어느 이성이나 홀릴 만큼 잘생기거나 예쁘다면 어떻겠는가. 그 사람과 함께라는 사실에 자부심을 느낄 테지만 한편으로는 하루하루를 불안과 질투 속에 보낼지도 모른다. 마음고생이 이만저만이 아닌 연애, 차라리 안 하느니만 못하다. 최고의 섹시 축구스타 크리스티아누 호날두를 스쳐간 여자들의 마음이 이러하지 않았을까.

호날두가 공식적으로 처음 연인임을 밝힌 상대는 포르투갈의 방송 진행자 겸 모델인 머쉬 로메로였다. 당시 그녀는 호날두보다 9살 연상에다 딸까지 있는 몸이라 둘의 관계는 화제를 모았다. 그러다 배우 겸 가수인 루치아나 아브레우를 잠깐 만났고 그 후 한 파티장에서 영국 스타 젬마 엣킨슨과 교제했다. 테니스 여제 마리아 샤라포바와 염문설도 있었으며 미국의 사고뭉치녀 패리스 힐튼과는 하룻밤을 보내기도 했다. 하지만 어디까지나 개인의 연애사는 그 사람의 개인적인 취향일 뿐, 비난받을 일은 아니다.

2007년 호날두가 맨체스터 유나이티드 소속으로 뛰던 때였다. 그는 팀 동료인 안데르손, 나니 등과 자주 어울렸는데 하루는 아주 격하게 놀고 싶었던 모양이다. 동료와 함께 맨체스터 근교에 위치한 자신의 집에서 5:5 집단 난교를 즐긴 것이 드러나고 말았다. 상대는 영국 리즈에 본사를 둔 '멕켄지 에스코트' 소속의 직업 여성들이었다. 그들은 호날두의 호출을 받고 약 100km를 달려 맨체스터에 도착해 호날두 집에 있는 수영장과 침실을 오가며 시간을 보냈다고 말했다.

이 사실은 직업여성 중 한 명이 직접 촬영한 동영상을 자신의 블로그에 올리면서 퍼졌다. 생각보다 적은 화대 액수에 불만을 가진 것이 화근이었다. 그녀는 "그동안 200여 명의 고객과 만남을 가졌지만 이처럼 값싸게 취급받은 적은 없었다."며 당시 상황을 폭로하기에 이르렀다.

당시 엄청난 여론의 비판을 받았지만 해당 선수들은 아무런 징계를 받지 않았다. 세대교체를 이루어야 했던 퍼거슨 감독은 그들이 필요했으므로 어쩔 수 없는 선택이었다고 할 수 있다.

반면, 사실을 폭로한 해당 여성은 고객의 비밀을 흘렸다는 이유로 회사로부터 해고당했다고 한다.

▲ 2015년 1월 20일 호날두는 샤크와 결별을 공식 선언했다

플레이보이 기질이 다분한 호날두지만 의외로 가정적인 면도 있다. 주요 공식 석상에 아들인 호날두 주니어를 데리고 나오는 모습을 보이며 다정한 아빠로서 본분을 다하고 있기 때문이다. 단지 아이 엄마의 신분이 불분명해 의구심을 갖게 하지만 말이다. 그의 말로는 미국의 어느 대리모와 합의 아래 아이를

가졌다고 했지만, 소문으로는 호날두의 미국 방문 때 같이 하룻밤을 보낸 술집 여성이 낳은 아들이라는 이야기도 있다. 그러므로 호날두의 아들과 함께 단란한 나들이를 즐기곤 했던 이리나 샤크와는 전혀 상관이 없는 아이다. 아주 큰 오해를 할 뻔했다.

10. 에브라

그는 경기장에서 항상 최선을 다해 뛴다. 공격과 수비 가리지 않고 쉼 없이 움직인다. 때로는 상대를 거칠게 몰아세우며 특유의 스태미너를 자랑하기도 한다.

하지만 평상시엔 그렇게 어린 아이 같을 수가 없다. 예전 한 방송사에서 박지성의 영국 생활을 담으러 간 적이 있었다. 마침 박지성의 생일이었는데 여기에 에브라도 함께 있었다. 평소에도 무척 친하게 지낸 그들은 그날도 어김없이 서로 유치한 말장난을 하며 시간을 보냈다. 에브라가 물었다. "한국어로 '안녕'이 뭐야?" 그러자 박지성이 "나는 바보입니다."라고 가르쳤다. 후에 진짜 뜻을 안 에브라가 박지성에게 달려들어 장난을 되갚아주는 알콩달콩한 모습을 보였는데, 참 훈훈했다.

'아, 에브라는 참 순둥이구나.'

그런데 그 순둥이도 결국엔 남자였다. 2013년 에브라는 독일과 A매치를 앞둔 어느 날 팀 동료였던 안데르손과 함께 프랑스 파리의 한 클럽을 찾았다. 그리고 그곳에서 플레이 보이 모델인 카를라 로우와 그의 쌍둥이 여동생을 초대해 2대 2 데이트를 즐겼다.

▲ 밀월의 입맞춤을 나누는 에브라

로우가 영국 일간지 '더 선'과 인터뷰에서 밝힌 내용을 따르면, 에브라는 굉장히 적극적이었다고 한다. 그녀의 전화번호를 알아낸 뒤 하루에도 수십 통의 문자와 전화를 걸어 유혹했다는 것이었다. 그녀는 에브라가 유부남인줄 몰랐다고도 전했다. 그녀는 "가정에 대한 얘기는 한 마디도 없었는데 알고 보니 자녀가 있는 유부남이었다."며 "에브라의 부인이 참 안 됐다."라는 영혼 없는 위로의 말을 남겼다.

에브라의 불륜은 3년 전에도 있었다. 한 호텔에서 금발의 미녀와 키스를 나누는 모습이 폐쇄회로 화면에 찍혀 만천하에 공개됐다. 당시 그는 "그 사람은 내가 맞지만, 그 여성과 우연히 만나 얘기만 했을 뿐"이라고 잡아뗐다. 대화가 꽤 깊은 내용이었음에 틀림없다.

11. 리베리, 벤제마

에브라에 이어 리베리와 벤제마까지, 프랑스 국가대표팀의 수난이다. 심지어 이 둘은 같은 여성과 엮였다.

▲ 두 남자를 홀린 마성의 여인 자히아 데하르

2010년부터 리베리와 벤제마는 성매매 의혹에 시달려왔다. 프랑스에서 성매매는 합법이긴 하지만, 상대가 미성년자였다는 점이 문제가 됐다. 둘은 2008-09년 당시 18세 미만이었던 알제리계 프랑스 모델 자히아 데하르에게 돈을 주고 잠자리를 가진 혐의를 받아 법원에 기소됐다. 리베리는 성관계 사실은 인정했으나 돈을 지불하지 않았고 그녀의 실제 나이도 몰랐다고 했다. 벤제마는 관계 자체를 부인했다. 만약 이들의 미성년자 성매매 사건이 사실일 경우 최대 3년의 징역과 4만 5000유로(약 6천 300만 원)의 벌금을 내야 했다.

하지만 다행히 리베리와 벤제마는 화를 면했다. 자히아 데하르가 법정에서 이렇게 말했기 때문이다. "더 이상 나를 희생자로 취급하지 말라." 그녀는 두 사람과 잠자리를 한 일은 사실이지만, 나이를 속여 접근한 것은 자신이라고 떳떳하게 밝혔다. 특히 그녀는 스캔들이 터진 2010년 리베리가 이 성매매 사건으로 남아공월드컵 대표팀에서 제외될 위기에 처하자 프랑스 대표팀 감독에게 직접 부탁해 그의 탈락을 막으려 했다.

3년 여 이상 미해결 상태였던 이 사건은 2014년 법원이 무죄 판결을 내리며 마무리됐다.

Episode3

〈섹스 중독이라는 어두운 터널〉

골프 황제 타이거 우즈와 축구계의 전설 라이언 긱스 사이에는 공통분모가 있다. 하나는, 모두 각자의 분야에서 둘째 가라면 서러울 만큼의 실력자라는 점이다. 음...병적인 섹스 금단 증상 때문에 망신살을 뻗친 이력도 같다. 타이거 우즈는 폭로되었다시피 부인을 두고도 최소한 13명의 여자와 잠자리를 가졌다. 라이언 긱스는 아내 외에 동생의 부인과 밀회를 즐겼으며 더 나아가 그녀의 어머니, 즉 동생의 장모에게도 추파를 던졌다. 그들은 '카사노바'라기 보다는 '섹스 중독증'이라는 병에 걸린 환자에 가까웠다.

섹스중독증의 진단기준

① 성적 공상이나 행동을 포함한 성적 충동을 조절하지 못하며 성행위를 경험하고 싶은 지속적 요구가 있는 경우

② 반복적으로 그만두려는 시도를 하지만 성공하지 못하는 경우

③ 죄책감이나 후회의 감정은 경험하지만 행동의 반복을 방지할 만큼의 강한 감정이 아닌 경우

④ 스트레스, 분노, 우울, 불안 또는 불쾌감을 느낄 때 성적 충동을 행동화하려는 욕구가 더욱 강해지는 경우

⑤ 성적 행동이 환자의 사회적, 직업적 부부생활을 방해하고 파괴하는 경우

⑥ 성중독과 다른 정신질환이 동시에 있는 경우

〈자료제공 : 웅선클리닉〉

'성 중독증'으로 불리는 이것은 성적 모험을 통해 자신의 존재를 확인하려는 정신병적 증세를 말한다. 여기서 말하는 성적 모험이란 성 중독이나 무분별한 성적 체험 등을 포함하는 개념이다. 대표적으로 전 미국 대통령인 빌 클린턴과 여직원 간의 불륜을 들 수 있다. 특히 사회적으로 성공한 사람일수록 성적 모험을 통해 자기 존재를 확인하려는 욕구가 높아진다고 한다. 미국 한 연구진은 유명인의 20% 정도가 섹스 중독 증세를 보인다는 조사 결과를 내놓기도 했다.

성 중독증에 걸리는 이유는 무엇일까. 신체 호르몬 과다분비가 원인일 수 있지만, 어린 시절 성적 학대나 부모의 이혼 등 개인적 상처가 중독의 시발점이 되기도 한다. 그래서 알코올·마약 중독자들이 그러하듯 삶의 스트레스에서 벗어나는 데 강력한 즐거움이 필요한 나머지 탈출구를 섹스의 쾌락에서 찾는 것이다. 유명인일수록 세간의 시선으로부터 자유롭지 못하기 때문에 자신을 해방시킬 무언가를 더 갈구하게 된다. 결국 자신의 몸을 크게 망치지 않으면서도 쾌락을 추구하는 수단으로 섹스를 선택하기에 이른다.

기본적으로 섹스 중독은 네 가지 유형으로 나뉜다. 첫째, 성관계 직후 다른 상대를 찾는 형태다. 두 번째는 동시에 여러 명과 관계를 갖는 것이다. 맺어질 수 없는 상대에게 계속해서 집착하는 증세가 세 번째 증상이며 마지막으로는 강박적으로 자위행위에 몰두하는 유형이다. 기형적인 형태로 변태성욕, 아동성희롱, 연쇄 강간 등 강력 범죄에 해당하는 사건들이 있으며 최근에는 인터넷 성 중독이 증가하는 모습을 띤다.

그렇다면 치료는 어떻게 하는지 궁금해진다. 한국에는 아직 섹스 중독을 전문적으로 치료하는 기관이 없지만 미국에서는 마약, 알코올 중독과 같은 것으로 보고 구체적인 체계를 갖추고 있다. 우즈가 6만 5천 달러(약 7,000만 원)를 주며 받은 '젠틀 패스(gentle path)' 치료법이 대표적이다. 12단계로 나뉜 이 프로그램은 먼저 자신의 잘못을 여러 사람 앞에서 시인하는 데서 시작한다. 자기고백을 통해 장애의 원인을 되새겨 본 후 종교나 기도, 명상을 통해 잘못에 대한 윤리적 검토의 과정을 갖는다. 여기에 자신 때문에 상처를 입은 사람들에게 직접 잘못을 뉘우치는 말을 전하도록 함과 동시에 가능하다면 물질적 보상까지 하도록 한다. 미술, 음악, 연극을 활용한 예술심리치료도 병행되며 운동과 더불어 가족과 함께 고통을 나누는 시간도 프로그램에 포함되어 있다. 입원 기간 동안 섹스는 물론이고 자위행위까지도 금지된다고 한다. 자아를 통제하는 힘을 기르는 것이 치료의 최종 목표다.

사실 학계도 '섹스 중독증'을 두고 병으로 분류할지 논의하는 중이다. 정신병 판단에 대한 세계적인 기준은 미국 정신의학회가 내는 매뉴얼을 따르는데 섹스 중독증을 정신병으로 명확히 정리해 놓지는 않았다. 세계보건기구(WHO)는 국제질병기준에 '과도한 성적 충동'이란 병명으로 섹스 중독을 기재하기도 했다. 현재도 이곳저곳에서 이 병에 대한 연구가 이루어지고 있다. 공통된 정의와 치료법을 찾기까지는 시간이 더 필요하다는 게 전문가들의 견해다.

물론 치료를 따른다고 해서 확실히 효과가 나타날 것이라고 단언할 수는 없다. 하지만 병의 발견과 치료에 관한 구체적인 답이 제시된다면, 최소한의 기대는 할 수 있겠다. "의자왕 놀이는 그만! 경기에 집중해."라는 소망 말이다.

제4장
가지 많은 나무에 바람 잘 날 없다더니

1. 역사를 바꾼 '신의 손'

디에고 마라도나

　마라도나는 가히 축구 역사의 중심에 선 인물이라 할 만하다. 특유의 날랜 돌파와 흐트러짐 없는 골 결정력은 펠레의 능력과 견주어도 부족함이 전혀 없었다. 어쩌면 다시는 없었을지도 모를 '펠레의 라이벌' 자리를 현재까지도 지키고 있으니, 그를 빼놓고선 축구를 논할 수 없을 정도다. "신의 재능을 가졌다"고 불리는 리오넬 메시가 '제2의 마라도나'로 불릴 정도이지 않은가.
　마라도나는 정말이지 메시보다 앞서 신과 영접하지 않았을까. 아주 틀린 말은 아니다. 스스로 신과의 교감을 밝힌 적이 있기 때문이다.
　영국 언론 데일리 미러(Daily Mirror)는 2009년 마라도나를 또 한 번 '최악의 스포츠 사기꾼'으로 선정했다. 1986년 멕시코 월드컵 8강전 잉글랜드와 아르헨티나의 경기에 대한 영국인들의 비난이었다. 당시 마라도나는 지루한 0대 0 공방전이 이어지던 후반전 6분 잉글랜드 페널티 지역으로 날아온 공을 두고 상대 골키퍼와 경합을 벌였다. 피터 실튼과 동시에 뛰어오른 상황에서 마라도나는 손으로 공을 툭 쳐 선제골을 기록했다. 의심할 수 없는 반칙이었으나 심판은 그대로 골을 선언했고 결국 경기는 2대 1 아르헨티나의 승리로 끝났다. 경기 후 마라도나는 희대의 명언을 남겼다. "그것은 신의 손이었다." 여세를 몰아 아르헨티나는 이 대회 결승전에서 서독을 3대 2로 꺾고 우승컵을 들어올렸다.

▲ 신의 계시(?)를 받았던 마라도나의 손

2006년경 당시 잉글랜드와 아르헨티나의 승부에서 선심이었던 보고단 도체프는 뒤늦게 속내를 털어놓았다. 그는 영국 대중지 더 선(The Sun)과 인터뷰에서 "그것은 명백한 반칙이었다"고 하며 경기 주심이었던 튀니지 출신 주심을 향해 '바보 멍청이'라 비난하기도 했다.

'신의 손' 타이틀은 먼 훗날 마라도나의 묘비명에도 적힐지 모른다. 이 어두운 과거는 질기고 질겨 평생 그의 뒤를 쫓는 중이다. 2008년 11월 18일 마라도나가 아르헨티나 감독으로서 참가한 스코틀랜드와 평가전 전날 기자회견장에서 일어난 일이다.

「기자: 86 멕시코 월드컵 당시 상대팀 수비수였던 테리 부처가 지난 과거 때문에 당신과 악수를 거부하겠다고 밝혔다. 먼저 다가가 악수할 의향은 없는가?

마라도나: 그와의 악수에 관심 없다. 나도 날 좋아해주는 사람이 좋다. 그가 원하지 않는다면 나도 악수를 하고 싶진 않다. 그는 그의 삶대로 살면 되고 난 나대로 삶을 살면 된다.

그리고 이어진 마라도나의 발언은 당시 자신의 행위를 정당화하려는 듯 보였다.

마라도나: 신의 손이 문제라면 지난 1966년 잉글랜드 월드컵에서 개최국 잉글랜드와 독일의 결승전 때 나온 제프 허스트의 골[18]도 무효이다. 전 세계 모든 사람들이 그 장면을 봤지만 역

---

18) 후반 종료까지 2대 2로 맞서며 잉글랜드와 서독은 접전을 펼쳤다. 이어진 연장 전반전 6분 제프 허스트의 슛이 크로스바를 맞고 골라인에 떨어졌고 주심은 이를 골로 선언했다. 이것이 바로 '유령골'이다. 이는 아직까지도 논쟁거리이며 독일에서는 '그 위치에선 골이 될 수 없다'라는 논문까지 나왔다. 현대 최신식 비디오 판독 결과 이는 골라인을 완전히 넘지 않았다는 결론에 이르렀다고 한다.

사는 바뀌지 않았다. (중략) 부처 코치는 나에게 어떤 식으로든 비판할 수 없다.」

'신의 손'은 영국인들에게 '천추의 한'으로 남아 있나보다. 2011년 1월 31일 잉글랜드를 방문 중이던 마라도나에게 같은 종류의 질문이 또 이어졌다. 그런데 웬걸 그는 "신의 손 사건에 대해 사과한다. 만약 그 당시로 돌아갈 수 있다면 역사는 바뀌었을 것이다. 하지만 그 골은 득점으로 기록됐고 내가 역사를 바꾸기는 불가능하다."며 영국 언론에 화해의 메시지를 건넸다. 질문자도 어안이 벙벙해졌다.

그럼 그렇지. 며칠 뒤 마라도나는 "통역 과정에 실수가 있어 뜻이 잘못 전해진 것 같다. 나는 지나간 역사를 되돌릴 수는 없다는 사실을 말했을 뿐이다."고 강조했다. 어느 것이 사실일까. '사과의 기사'를 접한 아르헨티나 국민들의 심한 반발에 마라도나의 임기응변적 대응이었을지도 모른다.

티에리 앙리

마라도나에 비해 앙리는 그래도 양심은 있었다. 경기 직후 자신의 반칙을 정직하게 인정했다. 다만 자신의 행위는 온전히 심판의 재량이므로 뭐라 할 말이 없다고 슬쩍 발을 빼 비난을 피했을 뿐이다. 감히 '신의 손'을 인용하는 무리수는 두지 않았다. 이만하면 양반이다.

2010년 남아프리카공화국 월드컵 유럽지역 프랑스와 아일랜드의 플레이오프 2차전이 열렸다. 아일랜드의 노장 로비 킨의 선제골로 1, 2차전 합계 동률이 돼 두 팀은 연장전으로 돌입했다.

얼마 뒤, 결정적인 장면이 전 세계 축구팬들의 눈을 사로잡았다. 긴 패스가 단번에 아일랜드 페널티박스로 넘어왔다. 이것을 앙리가 잡은 뒤 패스했고 갈라스는 헤딩슛으로 마무리하며 극적인 결승골을 성공했다.

문제는 갈라스에게 패스를 하기 직전 공이 앙리의 왼손에 닿았다는 점이었다. 사실, 닿았다기보다는 앙리가 의도적으로 손을 사용해 공을 잡았다는 표현이 맞을 장면이었다. 주심은 보지 못했지만 모든 팬들과 방송 매체는 이 순간을 정확히 낚아챘다. 그럼에도 심판 판정에 이변은 없었다. 득달같이 달려드는 아일랜드 선수들의 항의를 받아들이지 않은 채 골은 그대로 인정됐고, 월드컵 본선티켓은 프랑스에게 돌아갔다.

▲ 앙리의 '의지의 손'은 프랑스에 월드컵 출전을 선물했다

로비 킨은 패배 후 인터뷰에서 "자랑스럽게 경기를 펼쳤지만 이렇게 물러나는 게 너무 아쉽다. 기분이 역겹다. 그 골은 명백

한 핸드볼 반칙이었다."고 격분했다.

앙리도 마음이 편치는 않았을 것이다. 그는 "솔직히 말해 그 상황은 핸드볼이었다. 아일랜드의 경기력에 경의를 표한다."고 전하며 아일랜드인의 마음을 달랬다.

루이스 수아레스

'악동' 부분에 꾸준히 지분을 늘리고 있는 수아레스다. 종종 보여주는 그의 '이상 행동'은 이상하다 못해 뻔뻔하기까지 해 어떤 정신 질환이 있는 건 아닌지 의심을 살 때도 있다. 부디 아니길 바란다.

수아레스가 골키퍼로 빙의한 사건이 있었다. 2010 남아공 월드컵 8강전 그의 조국 우루과이와 아프리카의 맹수 가나가 맞붙었을 때다. 가나는 문타리, 우루과이는 포를란의 골로 1대 1 동점을 유지했다. 그러다 가나는 프리킥을 얻었고 이를 긴 크로스로 연결했다. 문전 혼전 상황에서 우루과이 골키퍼가 제 때 처리하지 못한 공을 가나 선수가 슛했다. 골대를 지키고 있던 수아레스는 떡하니 버티고서 발로 첫 번째 슛을 막았다. 그러자 다시 한 번 가나는 헤딩슛으로 연결했다. 공은 무인지경의 골대 중앙을 향해 날아갔다. 하지만 골이 될 순 없었다. 수아레스가 멋지게 펀칭을 해냈기 때문이다.

수아레스는 당당히 레드카드를 받고 퇴장당했다. 그의 바람(?)이 하늘에 닿았을까. 놀랍게도, 페널티킥에 나선 가나의 베테랑 기안의 슛은 골대 크로스바를 맞고 튕겨나갔다. 결국 승부를 가리지 못한 채 경기는 승부차기까지 이어졌고 결과는 4대 2 우루과이의 승리였다. 모든 카메라는 기뻐 날뛰는 수아레스를 찍어댔고 그는 자랑스러운 표정으로 미디어의 관심을 즐겼다. 경기 후 그는 "눈 깜짝할 사이에 일어난 일이다. (공을 막기에) 머리는 너무 멀어 손을 쓸 수밖에 없었다."고 해명했다.

▲ 골키퍼로 빙의한 수아레스

경기 후 축구팬 사이에 논쟁이 일었다. 수아레스의 핸드볼에 내린 심판의 판정이 주요 화제였다. 가나에게 페널티킥을 줄 게 아니라 골로 인정했어야 했다는 주장이 거셌다. 명백한 골 상황이었다는 근거가 뒤따랐다.

FIFA 규칙을 따르면 이는 100% 골이라고 보기는 어렵다. 규정에서는 공의 완전한 골라인 통과 여부에 따라 골 인정 혹은 페널티킥을 판단하기 때문이다. 수아레스의 핸드볼 반칙 장면은 공이 골라인에 걸렸을 때 이뤄졌으므로 골로 판정하긴 어려웠다.

가나는 억울하지만 뭐라 할 말은 없었다. 반칙으로 정당한 골 기회를 다시 잡았고, 이를 골로 잇는 데 실패했으니 말이다. 잠깐, '악동' 수아레스의 상식 밖 행동은 이게 다가 아니다.

2. 기행(奇行)

치(齒)아레스

전설의 복서, '핵주먹' 타이슨을 아는가. 한창 전성기를 누리던 시절 한 조사를 통해 그의 주먹이 1t급의 파괴력을 갖는다는 소식이 퍼지며 한 번 더 그의 진가가 드러난 적이 있었다. 그런데 그 주먹보다 더 강한 무기가 있었으니 바로 그의 '이'였다. 링 위의 맹수답게 상대의 귀를 물면 놓을 줄 몰랐다. 상대의 피부가 뜯겨야 겨우 멈춰섰다. 이어진 징계로 그의 선수 생활은 막을 내렸다. '주먹으로 흥하고 이로 무너진' 타이슨이었다.

수아레스 역시 타이슨의 전철을 밟을 지도 모르겠다. 특유의 툭 튀어나온 앞니는 때때로 공격성을 감추지 못한다. 한 두 번이 아니다. 벌써 세 번째다. 이만하면 상습범이라 할 만하다.

사건은 2014 브라질 월드컵 조별 예선 마지막 날이었다. D조 마지막 남은 한 장의 16강 진출권을 두고 우루과이는 이탈리아를 맞아 1대 0 승리를 챙겼다. 당연히 축제의 날이 되어야 했지만 우루과이 국민들은 마냥 기뻐할 수 없었다. 팀의 핵 수아레스의 퇴장을 목도했기 때문이다.

수아레스는 건너서는 안 될 강을 건너고 말았다. 후반전 34분 그는 이탈리아 수비수 키엘리니의 어깨를 물어버렸다. 이날 상대팀 주장 피를로의 팔에 얼굴을 맞는 등 거친 집중마크를 받았던 터라 스스로 감정 조절에 실패했다. 특히 키엘리니와는 이전 컨페더레이션스컵[19]에서도 시비가 붙은 적이 있어 수아레스는 '테러의 재물'로 그를 골랐던 것이다. 경기 직후 "몸싸움의 충격으로 균형을 잃어 상대 위로 넘어졌다. 이 과정에서 내 얼굴이 그의 어깨에 부딪힌 것이다."고 변명을 했지만 어불성설(語不成說)이었다.

상대를 이로 응징한 건 처음이 아니었다. 수아레스는 아약스에 있던 시절 PSV 아인트호벤의 오트만 바칼의 목을 물어 7경기 출전 정기 징계를 받았었다. 또한 리버풀에서는 첼시의 이바노비치의 팔을 물어 10경기를 나서지 못하기도 했다. 이런 비신사적인 행동에 리버풀 구단주는 팀의 명예를 더럽혔다 하여 수아레스를 다른 팀으로 이적시킬 수도 있다고 경고하기도 했었다.

---

[19] FIFA 주관 아래 각 대륙에서 우승한 국가대표팀이 벌이는 국제축구대회.

▲ 수아레스를 한 방에 보내버린 어느 팬의 합성 사진

월드컵이란 세계적인 무대에서 상대를 무는 추태를 보인 수아레스에게 FIFA는 A매치 9경기 출전 정지, 4개월 간 축구 관련 활동 일체 금지, 그리고 벌금 10만 스위스 프랑(약 1억 1360만 원)이라는 중징계를 내렸다. 바르셀로나로 이적한 수아레스의 공식 입단식은 썰렁하기 그지없었다. 운동장에는 그의 유니폼을 입은 마네킹이 덩그러니 놓인 채 카메라 플래시를 받아내야 했다.

사건 이후 스포츠 중재 재판소(Court of Arbitration for Sport, CAS)에 징계 경감을 호소한 수아레스는 소속팀 훈련 복귀와 국가대표 경기 출전이라는 '용서'를 받았다. 하지만 조심해야 한다. 한 번 더 자신의 앞니를 뽐냈다간 더 이상의 자비는 바랄 수 없을 것이다.

기성용, 루니, 무투

기성용

키보드 워리어(keyboard warrior)는, 키보드 전사라는 의미로 익명성을 이용해 인터넷 공간에서 거칠게 말하는 사람을 일컫는다. 현실에서 소극적인 사람일수록 더 쉽게 키보드 워리어로 변할 수 있다는 것이 특이점이다. 표출하지 못한 억눌린 감정이 많으면 이를 해소하려는 욕구도 강해지기 때문일 것이다.

물론, 소극적인 사람만 '전사'가 되라는 법은 없다.

2013년 6월 2일 기성용은 자신의 트위터에 "리더는 묵직해야 한다. 그리고 안아줄 수 있어야 한다. 모든 사람을 적으로 만드는 건 리더로서 자격이 없다."라는 말을 남겼다. 보는 사람의 시각에 따라 아무 것도 아닐 수도, 의미심장한 직격탄이 될 수도 있는 멘트였다.

이때는 브라질 월드컵 진출과 관련해 한국 국가대표팀 내외적으로 한창 추문이 많은 시기였다. 암암리에 전해오던 국내파와 해외파 선수들 사이의 갈등에 대한 뉴스 기사가 끊이질 않았다. 여기에 팀의 중심을 잡고 있던 기존 선수들의 입지도 불안정해지면서 팬들끼리도 심정적인 동요를 경험하고 있었다.

기성용의 발언은 곧 걷잡을 수 없는 쓰나미를 몰고 왔다. 먼저, 마치 기다리기라도 한 듯 당시 감독이었던 최강희는 한 언론과 인터뷰에서 뼈가 실린 반응을 보였다. "뉘앙스만 풍기지 말고, 할 말 있으면 찾아오라." 주어는 빠졌지만 누구를 겨냥했는지는 쉽게 짐작할 수 있었다.

물살은 거세졌다. 수습불가 수준이었다. 모 축구전문 기자가 밝힌 기성용의 개인 페이스북에는 해킹이 의심될 정도의 막말이 쓰여 있었다. "소집 전부터 갈구더니 이제는 못하기만을 바라겠네 님아 ㅋㅋㅋ", "전반부터 나가지 못해 정말 충격 먹고 실망했지만 이제는 모든 사람이 느꼈을 거다. 해외파의 필요성을. 우리를 건들지 말았어야 됐고 다음부턴 그 오만한 모습 보이지 않길 바란다. 그러다 다친다." 등 그야말로 충격이었다.

◇기성용 사과문 전문

기성용입니다. 무엇보다 저의 바르지 않은 행동으로 걱정을 끼쳐드린 많은 팬들과 축구 관계자 여러분들께 사과의 말씀을 먼저 드립니다.

이번에 불거진 저의 개인 페이스북 글에 관련한 문제는 모두 저의 불찰입니다. 해당 페이스북은 제가 1년쯤 전까지 지인들과의 사이에서 사용하던 것으로 공개의 목적은 아니었습니다. 그러나 이유가 어쨌든 간에 국가대표팀의 일원으로서 해서는 안될 말들이 전해졌습니다.

이 점 머리 숙여 사죄합니다.

또한 치기 어린 저의 글로 상처가 크셨을 최강희 감독님께도 사과의 말씀을 드립니다. 앞으로 저는 더욱 축구에 전념하여 지금까지 보여주신 팬들과 축구 관계자 여러분의 걱정을 불식시킬 수 있도록 노력하겠습니다.

다시 한번 사죄의 말씀을 드립니다.

▲ 기성용 공식 사과 전문

2012년 브라질 월드컵 3차 예선을 전후로 올라온 이 글들은 모두 최강희 감독을 겨냥했다. 그의 에이전시는 누군가가 기성용을 사칭해 적은 것이라 발뺌했지만 근거를 제시하지는 못 했다. 기성용은 자신의 글임을 곧 인정했다.

사실 어린 시절 개인 홈페이지에 올린 글로도 기성용은 한 차례 홍역을 치렀다. 2008 베이징 올림픽 우즈베키스탄과 최종 예선을 가진 날 대표팀은 여론의 기대에 못 미치는 경기를 보여줬다. 인터넷에 갖은 뭇매를 맞던 때 기성용은 솔직한 심정을 개인 홈페이지에 올리며 이목을 끌었다.

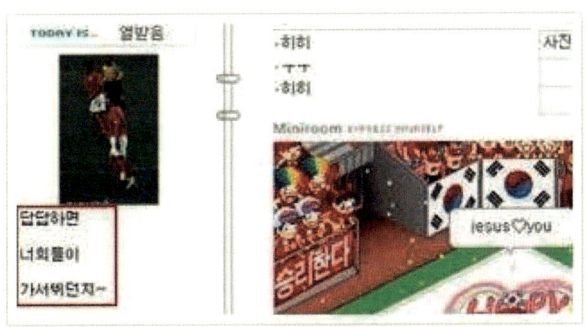

▲ 개인 홈페이지에서 터진 '니들이 뛰어 보든지' 사건

기성용의 'SNS 파문'은 시사하는 점이 컸다. 안팎으로 드러난 선수와 감독 간의 불화를 재조명하게 됐으며 더불어 공인의 윤리의식을 되돌아보는 계기를 마련했다.

이 사건을 보며 황선홍은 "세대가 변했기 때문에 소통하는 것은 좋다. 하지만 공인으로서 왜 그렇게 책임감이 없는 행동을 하는지 모르겠다. 선배로서 안타깝다. 우리는 축구선수지 연예인이 아니다. 운동장에서 실력으로 증명해야 한다."고 전했다.

무엇보다 선수가 한층 더 성숙해지는 계기가 되었다는 점에서 의미가 깊었으리라.

루니, 무투

루니와 무투는 보다 대담했다. 대놓고 상대와 한 판 붙었다. 팬, 감독과 각각 설전을 벌인 그들에겐 무슨 일이 있었을까.

2011년 5월 18일 트위터에서 갑작스러운 시비가 붙었다. 57만 명의 팔로워(친구)를 가진 루니와 리버풀의 어떤 팬 사이의 싸움이었다. 딱히 원인은 없었으며 말 그대로 '그냥' 붙었다.

팬이 다짜고짜 루니의 계정에 욕을 올리면서 일은 시작됐다.

「리버풀 팬: rooney ya fat w***e ill smash ya head in with a pitchin wedge an bury ya with a ballst fork ya fat ugly lil n**e (루니 이 못생긴 돼지 XX야. 골프채로 네 머리를 아작 내서 묻어버리겠다).

상남자답게 루니도 그의 성격을 그대로 보여줬다.

루니: I'll put u asleep within 10 seconds. hope u turn up if u don't gonna tell everyone ur scared u little nit. I'll be waiting(10초 안에 때려눕혀 버리겠다. 겁먹었다는 소리 듣기 싫으면 당장 튀어 와라, 기다릴 테니).」

이후 루니와 그의 대변인은 단순한 농담이었다며 사건을 무마하려 하긴 했다. 최소한의 예의랄까. 다행히도 루니에게 별다른 징계는 없었다. 다만 FAFA 규제위원회가 그 앞으로 서한을 보내 경고 메시지를 전한 게 전부였다.

이에 당시 퍼거슨 감독은 당연히 선수들에게 쓴소리를 했는데, 명언으로 남을 만한 지적이었다.

퍼거슨: there are a million things you can do in your life without that. get yourself down to the library and read a book. seriously, it is a waste of time(세상엔 트위터 말고도 가치 있는 일이 수백만 가지는 더 있다. 도서관에 붙어 앉아서 책을 읽는 건 어떤가. 트위터질은 그야말로 시간 낭비다).

심지어 무투는 페트루카 국가대표팀 감독을 슬랩스틱 코미디의 대가 미스터 빈과 합성해 인터넷에 올렸다. 브라질 월드컵 예선에서 자신을 차출하지 않은 감독을 조롱하는 사진이었다. 이에 루마니아 축구협회는 "그에게 '앞으로 루마니아 대표팀에 소집되는 일은 없을 것'이라는 공문을 보냈다."고 공식 발표했다.

한때 루마니아의 희망이라 불리던 무투가 대표팀 영구제명이라니. 한 순간의 화가 씻을 수 없는 오점을 남기고 말았다.

역시 사람은 '혀끝'뿐만 아니라 '손끝'도 조심해야 한다.

짬짜미[20] 당한 박은선

"박은선이 뛰면 우리는 감독직을 이행하지 않겠다!"

선수가 뛰면 감독 역할을 하지 않겠다니. 보통은 선수를 더 뛰도록 격려하고 이끄는 게 지도자로서 역할이 아니던가. 문제가 있었다. 선수든 감독이든 어느 하나는 반드시.

---

[20] 남모르게 자기들끼리만 짜고 하는 약속이나 수작

180cm 74kg, 여자축구프로리그 2013시즌 득점왕. 선수의 기량이 정점일 때 소속팀 서울시청은 정규리그 2위와 챔피언결정전 준우승을 차지했다. 잠깐, 남성이냐고? 엄연한 여성이다. 여자 축구선수로서, 너무 완벽했나보다. 그래서 그들이 잠시 이성을 잃었나보다.

2013년 10월 19일 한국여자실업축구감독들이 사적으로 간담회를 가졌다. 여느 때와 다름없이 가볍게 식사나 하는 자리였을지도 모른다. 그러다 누군가 먼저 이야기를 꺼냈다. 그리고 의견을 모은 안건에 이런 내용이 들어있었다. '박은선 선수의 성별검사와 함께 출전여부 적합성을 명확히 판단하여 12월 31일까지 제출 바람. 이행되지 않을 시 2014년 시즌 보이콧'

수원FMC 이성균 감독이 간사를 맡고 있는 여자프로축구리그 모임은 사전 동의 아래 이 안건을 한국여자축구연맹에 제출했다. 처음 사실이 언론에 드러났을 때 이 감독은 사적인 자리에서 한 농담일 뿐이라고 웃어넘겼다. 외부의 비판에 대해, 그저 장난이었는데 왜 그렇게들 '오버하냐'며 의아해했다. 하지만 서울시체육회 사무처장이 실제 제출된 안건을 공개하면서 사건은 일파만파 퍼졌고 결국 이 감독은 소속팀 자진사퇴를 발표했다.

어릴 적부터 박은선은 여자축구계의 간판 스타였다. 선천적으로 타고난 신체조건에 뛰어난 기량까지 그를 탐내지 않은 감독이 없을 정도였다. 개인적으로 방황한 시절이 있었지만 2011년 친청팀인 서울시청으로 돌아와 제 기량을 마음껏 펼쳤다. 소속 구단은 그의 복귀로 중하위권에서 우승권으로 올라갔다. 이때부터 다른 팀 감독들은 조금씩 배알이 꼴리기 시작했다. 애초에 박 선수를 영입하려 이래저래 노력했던 이들이 적으로 돌아선 것이다. 그리고 꺼내든 카드가 '박은선의 성 정체성 재확인'이었고 이 건의서를 보란 듯이 한국여자축구연맹에 제출하기에 이르렀다.

이후에 사건은 인권 문제로도 퍼져 국가인권위원회가 나서기도 했다. 한국여자축구연맹은 사태를 방관한 데 대한 질타를 받아야 했다.

3. 목숨 건 축구

로하스 자해 사건

1989년 9월 3일 브라질 리우데자네이루 마라카낭 경기장. 다음 해 있을 이탈리아 월드컵 본선 진출권을 두고 칠레와 브라질이 예선 마지막 경기를 펼쳤다. 당시 남미 지역에는 3.5장의 티켓이 주어졌는데 전 우승국이었던 아르헨티나를 제외하면 사실상 2.5장의 진출권만 허용됐다. 이 두 장 중 한 장이 브라질 혹은 칠레에게 돌아갈 상황이었다.

16만 관중이 경기장을 꽉 메운 가운데 후반전 4분 만에 브라질의 선취골이 들어갔다. '카레카'라는 애칭으로 불리던 올리베이라 필호의 골이었다. 이때부터 관중석은 요동치기 시작했다. 후반 중반 무렵 자국의 경기력이 마음에 들지 않았던 칠레 팬들은 경기장에 이물질을 던졌다. 각종 음식물부터 시작해 각양각색의 용품들이 운동장에 난입됐다.

사건은 이때 터졌다. 한 여성 팬의 폭죽이 칠레 골대쪽으로 날아든 것이다. 그 순간 로하스 골키퍼가 머리를 부여잡은 채 경기장에 쓰러졌다. 의료진이 급하게 뛰어 들어갔고 화면에 잡힌 그의 머리와 유니폼은 온통 붉은 피로 뒤덮여 있었다. 팀 동료들은 동요했고 이대로 경기를 치를 수 없다며 모두 선수 대기실로 들어가 버렸다. 잠정적인 1대 0 브라질의 기권승이었다.

FIFA는 곧 조사를 시작했다. 이 사이에도 브라질과 칠레의 신경전은 계속됐다. "폭죽 때문에 골키퍼의 이마가 3cm 정도 찢어졌다. 다섯 바늘을 꿰맸으며 3일간 치료해야 했다."고 칠레 측이 밝혔다. 이에 브라질은 "붉은 물질은 피가 아니었다. 그것은 머큐로크롬[21]이었다."고 반박했다. 로하스를 치료한 브라질 의사는 의미심장한 말을 남겼다. "이마의 상처는 폭발성 물체 때문에 생긴 자국이 아니었다. 어떤 예리한 물체에 찢어진 것이었다."고 전하며 자해 행위에 대한 여지를 남겼다.

조사 결과 사건은 칠레의 조작으로 드러났다. 아르헨티나의 한 카메라맨이 찍은 장면이 결정적인 증거로 쓰였다. 폭죽과 멀리 떨어져 있는 로하스 골키퍼가 적나라하게 포착됐고 칠레의 주장은 거짓임이 명백해졌다. 브라질의 주장대로 FIFA는 로하스의 얼굴을 덮었던 물질을 머큐로크롬으로 확정지었고 이는 부상 치료를 위해 들어온 칠레 의료진이 뿌렸다고 결론 내렸다. 이마는 사건 직후 일부러 상처를 낸 걸로 확정지었다. 월드컵 진출에 눈 먼 자들의 자해소동이 만천하에 공개되는 순간이었다.

이후 FIFA는 칠레 관련 선수, 지도자와 칠레 축구협회에 엄청난 징계를 내렸다. 당사자인 로하스 골키퍼는 3개월 출전 정지에서 축구 선수로서 영구제명이라는 처벌을 받았다. 감독이었던 올란도 아라베나와 로하스를 최초 검진했던 의료진 다니

---

[21] 국소적 항감염제. '빨간약'이라 불리는 소독약.

엘 로드리게스는 FIFA 주관 경기에서 추방당했다. 주장이었던 다이넬 로드리게스의 선수자격 정지 처분과 함께 축구협회에게 10만 달러의 벌금이 책정됐으며, 칠레 전체에 다음 월드컵 출전 정지라는 가중 처벌도 이어졌다. 마지막으로 칠레 축구협회장 세르지오 스토펠은 4년 동안 지위를 박탈당했다.

▲ 로하스의 명연기가 빛나는 장면

사건 후 한참이 지난 2001년에 비로소 로하스는 축구선수 영구제명의 징계를 면할 수 있었다.

안드레스 에스코바르 피살

2014 브라질 월드컵 최고의 이슈 중 하나는 콜롬비아의 선전이었다. 공식 집계 5위에 오르며 중남미 축구의 저력을 보여줬다. 딱 20년 전인 미국 월드컵 때도 콜롬비아는 무서운 저력을 보이며 지역 예선을 가볍게 통과했다. 펠레가 우승 후보로 꼽을 정도였다.

자국민들의 큰 기대는 월드컵이 시작되면서 산산조각 났다. 1승 2패로 콜롬비아가 예선 탈락을 한 것이다. 특히 최약체로 꼽히던 미국에게 당한 패배는 뼈아팠다. 에스코바르의 자책골이 있었기 때문이다. 엄청난 비난 여론에 시달린 선수들은 자국으로 돌아가길 꺼렸다. 특히 '메데인 카르텔(Medellin Caretel)'은 선수들을 협박했다. 공포에 시달린 마투라나 감독은 에콰도르로 피신해 있기도 했다.

메데인 카르텔은 당시 콜롬비아 최대의 범죄 조직이었다. 마약 밀매가 주된 사업이었으며 1980년부터는 자국 정부와 항쟁을 벌이기도 했다. 게릴라 범죄를 일삼았으며 폭탄 투쟁이나 영아 유괴 등 온갖 범법 행위로 이름을 떨쳤다.

갖은 협박과 비판은 자책골을 넣은 에스코바르에게 집중적으로 쏟아졌다. 귀국 후 열흘이 지났을까. 여자 친구와 메데인 교외의 한 술집을 찾은 에스코바르는 그곳에서 총에 맞아 주검이 됐다. 그녀는, 괴한이 "자책골에 감사한다."며 비아냥거렸으며 총을 쏠 때마다 "골"이라고 외쳤다고 전했다. 범인은 경호원 출신의 움베르토 무뇨스 카스트로라는 인물이었다. 에스코바르에 대한 개인적인 원한으로 살인을 저질렀는지 거액의 돈을 날린 도박 조직이 개입했는지는 알 수 없었다. 다만 중죄라는 사실이 명백했을 따름이다. 범인은 43년 형을 선고 받았다.

▲ 안드레스 에스코바르 추모상

에스코바르의 사후 4년 간 그의 등번호 2번은 결번으로 남았다. 사망 12주기였던 2006년에 FIFA는 최초로 길거리 축구대회를 열고 우승컵을 '안드레스 에스코바르 컵(Copa Andrés Escobar)'으로 이름 붙여 그의 죽음을 기렸다.

네이마르 부상, 수니가 협박

2014 월드컵은 자국에서 열린 대회라 브라질에게는 우승을

노릴 절호의 기회였다. 네이마르를 중심으로 세대교체도 성공적이었다는 평가를 받으며 승승장구했다. 우승 트로피를 들어 올릴 수 있을 것이라는 기대감은 점점 높아졌다.

애석하게도 트로피를 들어 올리는 꿈은 4강전에서 만난 독일에게 무참히 짓밟혔다. 무려 일곱 골을 내줬다(1대 7 패). 독일의 뮐러, 클로제, 크로스, 케디라, 쉬를레에게 돌아가며 골을 헌납해 충격의 아픔은 더 쓰라렸다. 특히 클로제는 브라질의 호나우두가 세운 월드컵 최다골 기록(15골)을 경신(16골)해 브라질의 아픔을 두 배로 키웠다.

무엇보다 전 경기에서 부상당해 출전하지 못한 네이마르의 공백이 컸다. 8강전에서 만난 콜롬비아 수니가의 무릎에 허리를 맞아 요추가 골절되는 중상을 입었다. 최소 4주 이상의 재활이 필요했다. 네이마르의 생애 첫 월드컵은 아쉬움만 남긴 채 그렇게 종료되었다.

수니가는 온갖 비난에 집중 포화를 받았다. 신변에 위협이 될 정도의 협박도 이어졌다. 브라질 최대 마피아 조직 '제1수도군사령부(PCC: Primerio Comando da Capital)'는 수니가의 머리에 현상금을 걸기도 했다. "매우 분노를 느낀다. 네이마르에게 가해진 행동은 용서할 수 없는 만행이다. 브라질에서 돌아가지 못할 것이다."고 외쳤다.

Juan Camilo Zuñiga.
Hace 7 minutos

Dios mio, protegeme.

▲ 사건 후 "신이시여!"를 외친 수니가

제4장 가지 많은 나무에 바람 잘 날 없더니

수니가는 페이스북에 "신이시여 보호해 주소서."라는 문구를 올렸다. 4강전에서 브라질이 독일에 얻어맞고 있을 땐, "브라질 아직 따라갈 수 있다."는 응원의 글을 올리기도 했다. 그의 아버지는 "수니가뿐만 아니라 아들의 아내와 딸까지도 심각한 협박을 당하고 있다. 현재 정부 기관에 신고해 보호를 받지만 상황이 나아지지 않는다."고 말했다. 다행히 월드컵 종료 후 별다른 사건은 발생하지 않았다.

얼마 뒤 미국 마이애미에서 브라질과 콜롬비아의 평가전이 열렸다. 경기 직전 수니가는 네이마르에게 다가가 포옹을 하며 미안함을 전했다. 그때 반칙은 고의가 아니었음을 알았기에 네이마르도 그를 안아주며 사과에 화답했다. 아름다운 용서와 화해의 장이었다.

4. 인종, 국가주의

알베스와 바나나

다니엘 알베스는 특유의 쿨한 성격으로 유명하다. 그런 척하는 건지 진짜인지는 정확히 알 수 없지만 어쨌든 팬들은 알베스의 시원스러운 모습에 '뻑' 간다. 특히 '그' 사건에서는 정말이지 상남자의 냄새가 물씬 풍겼다.

알베스의 소속팀 FC 바르셀로나가 비야 레알을 상대로 원정 경기에 나섰다. 예상대로 양팀의 승부는 접전의 연속이었다. 초반에는 비야 레알이 홈 경기장의 이점을 살려 앞서 나갔다. 두 골을 내리 넣으며 2대 0으로 바르셀로나를 압도해갔다.

바르셀로나가 반전의 분위기를 타기 시작했다. 코너킥을 얻어 알베스가 찰 준비를 하던 참이었다. 노란 물체가 하나 날아들어 그의 앞에 떨어졌다. 자세히 보니 바나나였다. 이는 유색인종을 원숭이에 비유하는 인종차별 행위의 전형이다. 다른 선수 같았으면 몹시 흥분하며 기가 꺾였겠지만 알베스는 역시 달랐다. 바나나를 들고 껍질을 까서는 크게 한 입 베어 물었다. 입을 오물오물 거리며 코너킥을 준비하던 그 모습은 팬들에게 신선한 충격을 줬다. 영양 섭취를 해서였을까. 알베스는 두 골을 허용하며 끌려가던 소속팀을 살리는 데 크게 공헌했다. 그가 올린 크로스가 두 개의 자책골을 만들어냈다. 덕분에 바르셀로나는 역전승의 발판을 마련할 수 있었다.

▲ 알베스를 응원하는 바나나 물결

경기 후 인터뷰에서 알베스는 "스페인에서 11년 째 살고 있는데 인종차별은 처음부터 지금까지 있었다. 누가 바나나를 던졌는지 모르겠지만 고마움을 전하고 싶다. 덕분에 힘을 얻어 두 개의 크로스를 할 수 있었고 이것이 골로 연결됐다."며 너스레를 떨었다.

경기 후 세계 각 국의 팬들은 물론 알베스의 동료인 네이마르, 아르헨티나의 아구에로, 이탈리아의 발로텔리 등이 바나나 투척을 조롱하는 사진을 올렸다.

스포츠 정신을 완벽하게 만드는 건 비단 선수들만이 아니다. 이들의 곁에 선 관중들에게도 지킬 건 지켜야 할 의무가 있다. 스포츠의 주체로서 성숙한 주인의식을 가져야 하지 않을까.

카티디스의 나치 경례

그리스 프로리그 AEK 아테네 소속 미드필더 기오르고스 카티디스가 대표팀 발탁 권한을 영구적으로 박탈당했다. 17세에 처음 청소년 대표로 발탁된 그는 19세, 21세에도 기량을 유지하며 국가대표팀의 호출만 기다리던 유망주였다.

문제는 경기 중 카티디스가 한 골 자축 행위였다. 베리아와 슈퍼리그 홈 경기에서 팀의 2대 1 역전승을 결정짓는 득점을 올린 후 그는 관중석을 향해 힘껏 팔을 뻗어 올렸다. 그런데 방향이 좋지 않았다. 흡사 나치의 거수경례를 보는 느낌이었다.

경기 후 문제의 장면은 일파만파 퍼져 나갔다. 카티디스는 "관중석에 있는 팀 동료에게 골을 바치는 의미였을 뿐 나치식 인사는 알지도 못 했다."고 해명했다. 하지만 속수무책이었다. 곳곳에서 비난이 쏟아졌다. 그의 소속팀 AEK 아테네는 기자회견을 열고 "카티디스를 올 시즌이 끝날 때까지 명단에서 제외해 남은 경기에 내보내지 않기로 결정했다. 그가 팀에 남을지는 시즌 종료 후 준비 기간 동안 훈련 태도와 잔류 효과를 검토해서 판단하겠다."고 전했다.

▲ 위험한 셀러브레이션을 선보인 카티디스

스포츠 경기에서 가장 금기하는 대상 중 하나가 바로 국가주의다. 특히 세계 1, 2차 대전의 원인이 된 국가를 상기하는 그 어떤 것도 경기장에 있어서는 안 된다. 이런 점에서 카티디스의 행동은 잘못이 있었다.

그럼에도 그에게 떨어진 징계가 개운치 않은 이유는 그저 어린 선수가 반국가주의를 위한 '시범 케이스'로 이용되지 않았나 하는 의심에서다. 이제 막 성인 무대에 들어선 유망주에게 대표팀 발탁 영구 제명이라니. 너무 박한 인심이다.

독도 사나이 박종우

 2013년 2월 11일 일본 최대 민영방송국인 후지 TV와 다수 미디어가 스위스 로잔에서 열린 국제올림픽위원회(International Olympic Committee, 이하 IOC) 징계위원회에 몰렸다. 특히 후지 TV는 "시마네현의 다케시마"에 대해 한국의 영토라고 쓴 플래카드를 들고 뛰었다는 문제로 선수 본인이 직접 설명을 듣기 위해 징계위원회에 출석했다."고 전했다.

 2012년 10월 8일 런던올림픽 남자 축구 한국과 일본의 3, 4위 결정전으로 거슬러 올라간다. 당시 동메달을 두고 아시아의 대표 라이벌인 한국과 일본이 맞붙어 경기는 초반부터 격렬하게 진행됐다. 한국은 일본의 정교한 패스와 움직임을 잡기 위해 거친 몸싸움으로 밀어붙였고 일본도 이에 반응을 보였다. 양 팀 모두 안 좋은 감정이 쌓여갔다.

 결과는 2대 0 한국의 승이었다. 전반 초반 지동원의 중거리 슛으로 포문이 열렸고, 후반 역습을 이용한 구자철의 마무리가 상대의 기를 꺾었다. 한국은 기뻐 날뛰었고 일본은 그 자리에 주저앉았다.

 거의 지구 반대편까지 날아와 딴 동메달, 그것도 영원한 숙적 일본을 꺾어 얻은 결과라는 사실이 선수들을 동요케 했다. 한창 기쁨을 만끽하던 중 관중석에서 '독도는 우리 땅'이라 적힌 플래카드가 날아왔다. FIFA와 IOC는 경기장 안에서 이뤄지는 인종, 국가주의 행위를 일체 금지하기 때문에 그 종이는 '위험물질'에 가까웠다. 그러나 승리에 도취된 박종우는 고민할 겨를이 없었다. '독도는 우리 땅'을 집어든 채 운동장을 돌았다.

행위의 대가는 컸다. 홀로 올림픽 동메달 수여를 보류 당했다. 그는 경기 후 시상식에도 참석하지 못했다.

▲ 박종우의 몸매에 시선이 더 쏠린다

올림픽이 폐막한 지 무려 6개월이 지나서야 올림픽 징계위원회는 박종우 사건을 마무리했다. 앞서 FIFA가 선수에게 국가대표 2경기 출장정지와 벌금 3500 스위스 프랑(약 410만 원)이라는 다소 가벼운 처벌을 내렸다. 이에 영향을 받았는지 IOC는 결국 그에게 동메달을 돌려주기로 결정했다. 대신 한국 축구협회에 선수들의 올림픽 헌장 준수를 위한 '올림픽 헌장 입문 트레이닝 프로그램'을 만들어 제출하라고 지시했다.

IOC 헌장 50조에는 "올림픽 시설이나 경기장에서 선수들의 정치적인 행위, 언행, 선전 활동을 금지한다. 이를 위반할 경우 해당 선수에게 실격이나 자격 취소 등의 처분을 내릴 수 있다."고 명시돼 있다. 소신은 중요하나 정해진 규정은 일단 지키고 볼 일이다.

온두라스, 엘살바도르 축구 전쟁

흔히들 말하길 축구는 총성 없는 전쟁이라고 한다. 22명이 공 하나를 두고 이리저리 뛰어다니며 몸을 부닥치는 게 백병전과 비슷하기 때문이다. 특히 과거에 거사를 치른 두 국가가 맞붙을 때는 그야말로 육탄전이다. 지나치면 위험하지만 어쨌거나 이것이 축구의 매력이긴 하다.

중남미의 인접국 온두라스와 엘살바도르는 예전부터 사이가 나빴다. 해묵은 국경 분쟁과 함께 불법 이민자 문제와 상권 다툼이 잦았다. 특히 1950년대 이후부터 약 30만 명 정도의 엘살바도르인이 온두라스 국경을 넘어 무단 거주했다. 온두라스의 넓은 국토와 비옥한 농토가 원인이었다. 이에 많은 엘살바도르인이 다시 자국으로 강제추방 당했고 그 과정에서 무력 충돌이 있기도 했다. 두 나라 사이에 감정의 골은 깊어만 갔다.

1970년 멕시코 월드컵을 앞두고 북중미 최종 예선 A조에 상극 온두라스와 엘살바도르가 나란히 포함됐다. 전통의 라이벌답게 경기 전부터 상대에 대한 양 국가의 신경은 곤두섰다. 공 하나를 두고 마치 전쟁 준비를 하는 듯했다. 그러던 중 온두라스와 엘살바도르의 축구 전쟁은 '총성 있는 전쟁'으로 변해버렸다. 서로 피를 보고야 말았다. 어쩌다 이런 일이 발생한 걸까.

세 번의 대결 중 1차전은 온두라스의 수도 테구시갈파에서 개최됐다. 시합 전날 밤 원정길에 지친 엘살바도르 선수들은 호텔에서 일찍 잠을 청했다. 한데 온두라스 응원단이 이곳을 방문해 밤새도록 자동차 경적을 울리고 고함을 지르면서 선수들의 숙면을 방해했다. 효과가 있었는지 다음날 열린 첫 번째 경기에서 온두라스는 엘살바도르를 1대 0으로 이겼다.

▲ 엘살바도르 선수단의 호텔을 둘러싼 온두라스 시민들

정말 충격적인 일은 따로 있었다. 패배의 충격을 벗어내지 못한 한 엘살바도르 소녀 팬이 경기 직후 권총으로 자살한 것이다. 이는 온 국민을 슬픔으로 몰았다. 소녀의 장례식에는 엘살바도르 대통령도 참석했으며 모든 의식이 TV로 생중계됐다.

2차전은 엘살바도르에서 열렸다. 경기 전날 밤 예상대로 온두라스 선수들 역시 엘살바도르 국민의 습격을 받았다. 자동차 경적과 고성방가, 폭죽 등 갖가지 방법으로 온두라스 숙소는 밤새 시끄러웠다. 역시 효과는 적중했다. 엘살바도르가 온두라스를 3대 0으로 완파했다.

두 나라 국민은 점점 거칠어졌다. 2차전 직후 원정 응원을 온 온두라스 응원단은 심판 판정에 항의하는 시위를 벌이다 집단 구타를 당했고 2명이 숨졌다. 그들이 타고 온 100여 대의 버스는 불에 탔다. 온두라스에 거주하던 엘살바도르 국민도 그대로 앙갚음을 받았다. 온두라스 국민은 그들의 집과 가게를 불 지르고 약탈했으며 수십 명을 살해하기도 했다.

3차전은 제 3국인 멕시코에서 막을 올렸고 결과는 엘살바도르의 3대 2 승이었다. 하지만 그들에게 승부는 이미 뒷전이었다. 축구는 진짜 전쟁이 된 지 오래였다. 수십 명의 국민을 잃은 엘살바도르는 결국 전쟁을 선포했고 60여 대의 항공기와 3,000여 명의 지상군이 온두라스 국경을 넘었다. 온두라스 역시 30여 대의 항공기와 4,000여 명의 병력을 투입했다.

일주일의 짧은 전쟁이었지만 두 나라가 입은 피해는 막대했다. 양 국에서 3,000명이 넘는 전사자가 나왔고 1만2,000여 명이 부상당했다. '공 차다 총 쏘게 된' 이 전쟁은 미주기구[22])가 중재에 나서고서야 비로소 종료됐다.

이후에도 자잘한 분쟁이 있었지만 1980년 페루 리마에서 맺은 평화조약으로 다툼은 일단락됐다.
 "축구는 총성 없는 전쟁이다." 축구의 역동성을 잘 나타내는 이 매력적인 문구가 어느 누군가에게는 어두운 과거를 상기시키는 아픔일지도 모르겠다.

---

22) 아메리카 대륙의 안보 및 경제, 사회, 문화 등의 지역적 협력을 위해 1951년 12월 창설된 기구

Episode4

〈평화 전도사 '드록신'〉

　2014 브라질 월드컵 C조 1차전에서 일본과 코트디부아르가 만났다. 힘과 기술을 자랑하는 아프리카 최강자 코트디부아르와 정교함을 자랑하는 일본 중 어느 쪽이 우세할지 경기 전부터 외신들의 관심이 쏠렸다.

　경기 초반은 일본의 정교함이 우세했다. 혼다의 슛이 일찍이 골로 이어지며 일본은 안정적인 운영으로 전반을 1대 0으로 마쳤다. 곧 이어 후반이 시작되고 코트디부아르는 흐름을 바꾸기 위해 드록바를 교체 투입했다. 그의 등장은 경기장을 술렁이게 하기에 충분했다. 일본 수비 진영은 제자리를 잡지 못하고 우왕좌왕했다. 모세의 기적이 재현되듯 드록바의 움직임대로 새로운 길이 열렸다. 2대 1 코트디부아르의 역전승. 그가 '신'이라 불리는 이유를 설명해준 경기였다.

　드록바가 뛰어난 실력 덕택에 신이라는 별명을 가졌다고 여기는 이가 많을지 모르겠다. 한데 진짜 이유는 축구가 아닌 그의 사회 공헌 활동에 있다. 수십 년 동안 지속된 내전을 멈추게 하고 이웃을 위해 자비로 병원을 짓는 자. 조국 코트디부아르에서 그는 '검은 예수'로 통한다.

▲ 미국 타임지 선정 세계 영향력 있는 100인에 선정된 드록바

코트디부아르는 전 세계 커피와 코코아 생산량의 40%를 책임진다. 이것이 국가 수입의 대부분을 차지하기에 예부터 그들

제4장 가지 많은 나무에 바람 잘 날 없다더니

은 외부 국가와 인력, 기술, 무역의 교류가 활발했다. 결과적으로 많은 외국인이 코트디부아르에 들어왔고 여러 가지 인종 문제가 드러나기 시작했다.

90년대 들어 국가 내부 분열이 극심해졌는데 여기에 정부 부패까지 겹치면서 사회는 그야말로 혼란의 집약체가 되었다. 이에 로베르 구에이 장군이 쿠데타를 일으켰고 정치 세력과 이해관계가 얽히면서 각종 유혈사태도 발생했다. 2002년에는 결국 반군이 조직돼 정부군과 본격적으로 충돌했다. 이 모든 상황의 피해는 고스란히 국민에게 넘어왔고 2006년 무렵 코트디부아르는 UN 평화 유지군의 도움을 받기에 이르렀다.

그러던 어느 날 이 모든 내전이 멈췄다. 하루가 멀다 하고 들리던 총성이 감쪽같이 사라졌다. 2006 독일 월드컵 수단과의 예선에서 3대 1로 승리한 뒤 드록바는 구원의 말을 남겼다. "본선 진출로 기뻐해야 할 지금도 저의 가난한 조국은 내전에 시달리며 하루하루 고통 속에 살고 있습니다. 사랑하는 국민 여러분 부탁드립니다. 단 일주일만이라도 총을 내려놓고 전쟁을 멈춰주세요." 1년 후 코트디부아르 그바그보 대통령은 직접 전쟁 종료를 선언하며 반군과 평화 협정을 맺었다.

종전에 큰 공헌을 한 드록바는 그해 UN 홍보대사로 임명됐다. 자선협회를 설립하여 조국에 의약품, 식음료, 유소년 교육시설 등 지원을 시작했으며 2009년엔 개인 자산 60억을 들여 종합병원 설립에도 나섰다. 바람 잘 날 없는 축구사의 자랑으로 기록될 드록바. 그의 사회 구원 활동은 여전히 진행 중이다.

제5장
검은 뒷거래

제5장 검은 뒷거래

1. 승부 조작

1978 아르헨티나 월드컵(페루-아르헨티나)

1978 아르헨티나 월드컵은 자국 정부가 지극히 정치적인 의도로 개최한 대회였다. 당시 육군총사령관이었던 호르헤 라파엘 비델라는 1976년 군사 쿠데타를 일으켜 이사벨 페론 대통령 정권을 무너뜨리고 독재 정권을 세웠다. 그는 70% 이상의 법관을 교체하고 국회를 마비시켰으며 3만 명 이상의 사람들을 납치, 불법 구금했다. 외채가 급증하고 인플레이션이 심화되어 경제 상황 역시 심각한 수준이었다.

이런 시국에 낮은 지지율 회복이 무엇보다 필요했고 비델라는 월드컵 개최를 국민 선동 수단으로 삼았다. 군사정부는 국민의 불만을 돌리기 위해 대표팀의 월드컵 우승이 절실했다.

당시는 두 번의 조별리그를 거쳐 승점이 가장 높은 두 팀이 결승전에 올랐다. 개최국 아르헨티나는 같은 그룹에 속한 강력한 우승 후보 브라질과 전적은 같으나 승점에서 밀리는 상황이었다.

확실한 골 득실 정보를 얻기 위해서였을까. 애초 동시에 진행 예정이었던 '브라질-폴란드'와 '아르헨티나-페루' 경기가 어떤 힘으로 변경되었다. 브라질이 아르헨티나보다 먼저 경기장으로 나서야 했다. 브라질 축구협회와 감독은 조직위원회에 강력히 항의했지만 일정을 바꿀 수는 없었다. 결과는 3대 1 브라질의 승리였다. 그리고 아르헨티나 고위 인사들은 최소 네 골 차 이상의 승리가 결승 진출의 열쇠임을 알아냈다.

아르헨티나와 페루 경기 전 이상한 일이 일어났다. 페루 감독은 3명의 후보 선수를 선발로 기용했고 경기 전 모임에서 주전 골키퍼 필롤을 제외했다. 더불어 아르헨티나 군부 대통령 비델라는 페루 선수대기실을 방문하기도 했다.

결과는 6대 0 아르헨티나의 대승이었다. 페루도 상대의 골대를 맞히긴 했으나 경기는 아르헨티나의 일방적인 흐름 속에 끝났다. 페루 국민들은 패배를 받아들이기 어려웠다. 이전 5경기에서 여섯 골만 내줄 정도로 탄탄했던 조직력이 한 순간에 무너졌기 때문이다. 반면 아르헨티나는 5경기 6득점을 올리다 이날 한 경기로 12득점을 기록했다. 골득실에서 브라질에 앞선 아르헨티나가 결승전에서 만난 국가는 당대 토털 풋볼[23]이라는 혁신적인 전술을 구사하며 올라온 네덜란드였다. 연장전까지 가며 네덜란드에게만 50여 개의 파울이 적용되는 혈투 끝에 아르헨티나는 3대 1로 승리했고 그 해 우승컵을 가져갔다.

---

23) 네덜란드 리뉴스 미헐스 감독이 고안한 전술로 '전원 수비, 전원 공격'으로 요약됨. 공격수와 수비수의 역할을 분담하지 않고 전원 공격과 수비에 참여하도록 해서 조직력을 높임.

이후 아르헨티나 정부는 페루에게 곡물 35,000t을 지원하고 국가 부채 5,000만 달러를 탕감해주었다. 이러한 원조를 두고 아르헨티나는 칠레와 영유권 분쟁을 도와준 페루에게 인도적 차원에서 보답했을 뿐이라고 답했지만 곧 여기저기에서 폭로전이 이어졌다.

조작에 가담한 페루 선수들에게 개인당 25,000 달러와 함께 그들의 가족과 협회 임원들에게도 뇌물이 주어졌다고 페루 언론이 보도했다. 대회 이후 아르헨티나 축구 클럽 벨레스 사르스필드로 이적한 페루 출신 로돌포 만조는 심지어 고향에서 '돈에 팔린 자'를 의미하는 '엘 벤디도(El Vendido)'로 불렸다. 당시 아르헨티나 간판 공격수 마리오 켐페스는 은퇴 후 회고록에서, 대회 전날부터 우승하지 못하면 선수와 그 가족 모두 죽일 것이라는 군부 정권의 협박을 받았다고 고백하기도 했다.

현재까지도 1978 아르헨티나 월드컵은 1934년 이탈리아 파시스트 정권 아래 치러진 이탈리아 월드컵에 이어 축구사에서 최대 오점을 남긴 대회로 기록되어 있다.

세리에A '칼치오폴리'

칼치오폴리(Calciopoli)는 이탈리아어로 축구(Calcio)와 기둥(Poli)의 합성어로 축구계 뿌리를 뒤흔든 사건이다. 2006년 이탈리아 세리에A 리그는 어느 때보다 혹독한 겨울을 보내야 했다. '칼치오폴리'라는 매서운 바람이 모든 것을 얼려버렸다. 너무나 매서웠던 추위에 당대 최고의 명문 유벤투스는 짐을 싸서 2부 리그로 내려가야 했다.

사건은 '소 뒷걸음치다 쥐 잡은 격'으로 시작되었다. 당시 나폴리 검찰청은 유벤투스 단장인 루치아노 모지의 아들 알렉산드로를 조사하고 있었다. 그가 가진 축구 에이전트 회사 GEA에서 불법 계약이 포착되었기 때문이다. 조사 과정 중 텔레콤은 우연히 유벤투스 회장 루치아노 모지와의 전화통화에서 그가 UEFA 심판배정 부위원장인 파울로 베르가모와 벌인 밀약을 발견했다.

텔레콤은 수사 범위를 확대했고 유벤투스 외에도 4~5개 구단의 인사가 특정 심판을 거부, 요구했다는 사실을 밝혀냈다. 엄밀해 따져 승부조작은 아니었지만 이에 버금가는 경기 개입 시도였다.

곧 이어 열린 1심 재판 판결은 충격적이었다. 유벤투스 외에도 유럽 명문 구단인 AC밀란, 피오렌티나, 라치오, 레지나 칼초가 재판 목록에 이름을 올렸고 밀란을 제외한 나머지 세 팀 모두 2부 리그 강등 조치를 받았다. 다른 팀들은 2심에서 구제 받아 1부 리그에 남게 되었지만 유벤투스만 승점 -9점과 함께 홀로 2부 강등이라는 최종 징계를 받았다. 불행히도 이는 끝이 아니었고 유벤투스의 지난 2004-05, 2005-06 두 시즌 우승컵 역시 2위 팀이었던 인터밀란에게 돌아가고 말았다.

이 사건으로 전 세계 축구 팬들이 받은 충격은 엄청났다. 최고 명문 중 하나였던 유벤투스는 물론이고 이탈리아 리그 전체가 수치로 물들었다. 당시 드림팀으로 불리던 유벤투스의 전력을 살피자면 공격 진영에 트레제게와 이브라히모비치, 델피에로가 있었고 네드베드와 비에이라, 카모라네시 등 중앙에는 황금 미드필더 라인이 구축되어 있었다. 수비 역시 칸나바로와 튀랑, 잠브로타 그리고 전설적인 골키퍼 부폰이 버티고 있어 팀 조합이 최상이라 평가받곤 했다.

붕괴는 선수단에서 먼저 시작되었다. 절정을 달리던 스타들에게 2부 리그 강등은 감당하기 어려운 현실이었다. 스트라이커 이브라히모비치와 중원 수비의 핵 비에이라는 인터밀란으로 옮겼다. 튀랑과 잠브로타는 스페인 바르셀로나로 떠났으며 에메르손과 칸나바로는 레알 마드리드로 향했다. 그야말로 풍비박산(風飛雹散)이었다.

세리에A는 1980년대 중반부터 2000년대 초반까지 세계 축구계를 주도하는 선두주자였다. 하지만 우연의 일치였는지 2006년 칼치오폴리가 터진 이후 리그는 급격한 하락세에 접어들었다.

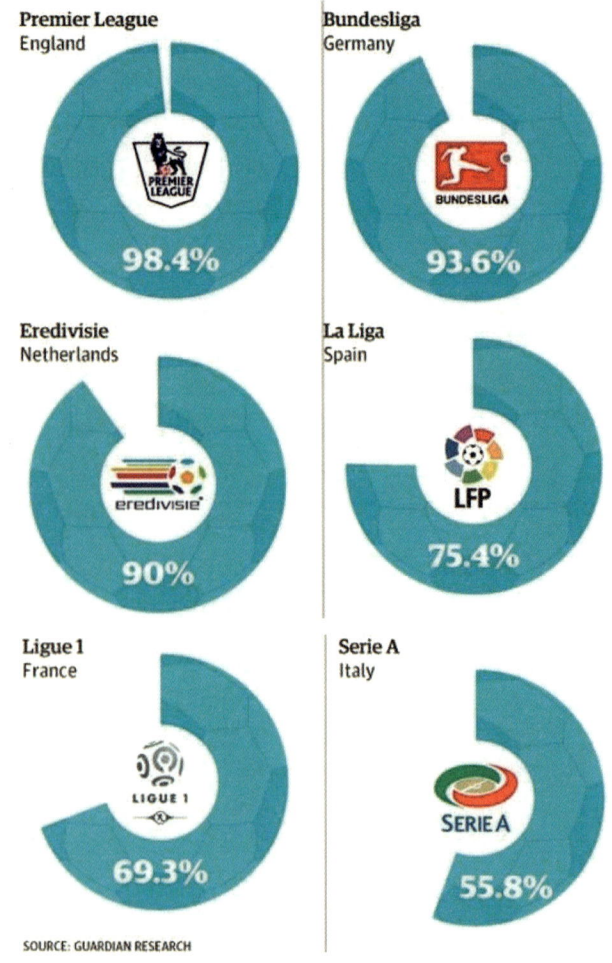

▲ 가장 낮은 개막전 관중률을 보이는 세리에A(맨 오른쪽 하단)

실제로 영국 가디언지는 2014년 9월 17일 유럽 축구리그 개막전 관중율을 조사했고 이탈리아 세리에A는 55.8%로 가장 낮은 수치를 기록했다. 이탈리아 수비의 전설 네스타도 한 해 전인 2013년 방송에 출현해 "지금 이탈리아엔 충분한 자금이 돌고 있지 않다. 스페인, 잉글랜드, 독일 리그에 스타플레이어들을 뺏기고 있다. 이탈리아 리그가 침체되고 있다."며 걱정을 드러내기도 했다.

K리그

이탈리아의 강풍은 돌고 돌아 5년 뒤 같은 반도국 대한민국에도 들이닥쳤다. 2011년 5월 6일 전 인천유나이티드 골키퍼였던 윤기원은 자신의 차 안에서 번개탄에 질식해 숨진 채 발견되었다. 100만 원이 든 돈봉투도 추가로 드러났다. 이 사건은 소문으로만 돌던 K리그 승부 조작설을 본격적으로 조사하게 하는 신호탄이 되었다.

보름 후인 5월 21일 경남 창원지검은 조작에 연관된 브로커 두 명을 구속하고 현역 축구선수 두 명에게는 구속 영장을 발부했다. 전 국가대표 김동현도 승부 조작에 관여한 사실이 드러나 팬들의 충격은 컸다. 구속 영장이 발부된 선수들은 대전 시티즌과 광주 FC 소속으로 실책성 플레이를 해 각각 1억 2천만 원과 1억 원을 받았음이 밝혀졌다. 특히 이들이 조작한 경기에 상대 골키퍼가 윤기원이었다는 점은 그의 죽음이 불법 도박 및 조폭 협박과 연결되어있을 가능성도 시사했다. 이후 대전시티즌 선수 4명이 추가로 체포되며 해당 구단 내 승부 조작 브로커가 깊이 개입한 사실이 드러났다. 이들은 주로 비중이 낮은 리그 컵에서 작전을 펼쳤다면서 고의적인 수비 실책으로 상대팀에게 져줬음을 시인했다.

와중에 한국의 간판 골키퍼 김병지는 한 라디오 방송을 통해 당시 닥친 조작 스캔들에 대해 자신의 생각을 드러냈다. 그는 "축구는 노력으로 이뤄지는 아름다운 스포츠인데 불미스러운 일이 나와 안타깝다."고 하며 후배들에게 불법 도박을 단호히 거부하라고 당부했음을 전했다. 그리고 사흘 뒤인 5월 30일 전 전북 현대 소속 정종관이 서울의 한 모텔에서 스스로 목을 맨 채 발견되었다. 그는 "승부 조작에 관련된 축구인으로서 괴롭고 은사들에게 죄송하다. A와 B가 조사를 받게 되어 정말 미안하다."고 쓴 유서를 남겼다.

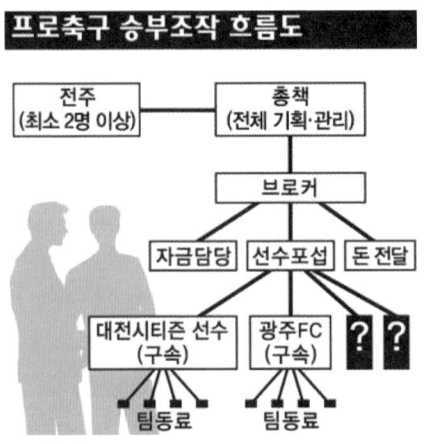

6월 17일 최종 1차 처벌 대상자가 발표되었다. 프로축구연맹은 사건에 깊숙이 관여한 김동현과 성경모 등 총 10명에게 축구 선수에서 영구 제명하고 브로커 4명을 구속했다. 해당 선수들은 미래에 지도자 생활 등 관련 직무 종사도 금지되었다.

사건은 이것으로 끝나지 않았다. 수사는 더욱 확대되어 상무와 전남으로 이어졌다. 2010년 전남 소속이었던 많은 선수들이 조사 선상에 올랐기 때문이다. 6월 23일 검찰은 당시 전남과 상무 소속이었던 4명을 체포해 조사했고 이들이 조작 대가로 수백만 원을 챙겼음을 밝혀냈다. 그해 전남에서 전북으로 팀을 옮겼던 골키퍼 염동균도 최강희 감독에게 승부 가담을 자수했다.

2차 조사가 시작되고 얼마 뒤 많은 선수들이 검찰에 자진 출석했다. 축구팬들에게 가장 큰 충격은 전 국가대표이자 한국 축구의 신성으로도 불렸던 최성국이 승부 조작에 가담했다는 사실이었다. 그는 2010년 상무 소속 시절 김동현과 함께 작전을 모의했다고 밝혔다. 그럼에도 자신은 김동현이 건넨 돈을 거절했으며 이후 경기에는 절대 관여하지 않았다고 전했다.

결과적으로 최성국은 처벌을 피하지 못했다. 설 곳을 잃은 최성국은 사건 적발 이후 마케도니아의 FK 라보트니츠키라는 팀에 들어가려 했으나 이마저도 피파에 의해 차단되면서 결국 프로선수로서 이력을 포기해야 했다. 그를 포함해 선수 40명, 브로커 7명 등 총 47명이 영구 제명 처벌을 받았다. 이들 중 죄를 자백한 25명에게는 정도에 따라 세 등급으로 나뉘어 보호관찰과 의무 사회봉사가 주어졌다.

1, 2차에 걸친 검찰 수사를 통해 프로축구와 승부 조작 사이의 검은 연결고리가 드러났다. 물주는 주로 도박과 관련된 지역

폭력조직이었고 선수에게 일명 '캐스팅 비용'을 선불로 지급하면서 조작을 모의했다. 이들은 같은 출신 학교나 구단의 선, 후배 인맥을 이용해 '배우'를 모집했고 조작 이력이 있는 선수를 협박하며 작전을 이어갔다. 실제로 김동현을 비롯한 선수 몇 명은 브로커에게 협박당해 총 8천만 원 상당의 돈을 뜯기기도 했다.

더불어 전국적으로 4개 조직이 퍼져서 계획을 실행했다고 밝힌 검찰 발표는 불법 도박의 범위의 거대한 규모를 가늠하게 했다.

2. 피파 '패밀리'

피파의 시작

피파는 국제올림픽위원회, 국제육상연맹과 더불어 세계 3대 체육기구로 성장했다. 과거 소규모 유럽 국가 대항전이나 주관하던 시절은 기억도 나지 않을 정도다. 4년마다 열리는 지구 최대의 축제 월드컵은 각종 광고비와 중계권료, 여러 사업의 수익으로 피파를 살찌웠다. 그러면서 이 조직도 여느 곳과 마찬가지로 이런저런 문제가 생기기 시작했다. 피파의 옆구리 살에 급속도로 지방이 끼게 된 데 어떤 계기가 있지는 않았을까. 아마도 답은 한 스포츠 회사의 성장에서 찾을 수 있을 것 같다.

피파의 영원한 동반자인 아디다스의 출발은 1920년으로 거슬러 올라간다. 당시 어머니의 세탁실에서 가죽 운동화를 만들던 루돌프와 아돌프 다슬러 형제가 첫 사업을 이끌었다. 그리고 그 운동화가 올림픽에 등장하면서 그들은 조금씩 성공가도를 달리기 시작했다. 제2차 세계대전이 끝나고 다슬러 형제는 각자 회사를 차리기로 결정한다. 이렇게 설립한 회사가 형 루돌프의

'푸마', 동생 아돌프의 '아디다스'이다.

아디다스는 창업주 아돌프의 아들 호르스트가 경영권을 넘겨받으면서 본격적으로 성장했다. 그는 자신의 스포츠 용품을 팔기 위해서는 유명인들의 도움이 필요하다는 점을 누구보다 잘 알았다. 아버지 아돌프가 선수들에게 다가서려고 노력한 반면 아들 호르스트는 스포츠계 임원들에게 접근하는 전략을 짰다.

▲ 각자의 길을 선택한 아돌프 다슬러(왼쪽)와 루돌프 다슬러(오른쪽)

브라질 출신의 주앙 아벨란제가 아디다스의 목표물로 떠올랐다. 아벨란제는 1974년부터 1998년까지 피파 회장을 역임한 인물로 볼리비아 군사정부와 가까웠으며 군수업체에 지분을 가지고 있었다. 무기 거래에 참여했으며 '비초'라 불리는 불법 복권사업도 벌여 피파 회장으로 나서기 이전부터 그는 이런저런 문제로 유명한 인물이었다. 호르스트가 그를 선택한 이유는 사업 수완이 좋을 것이라 예상했기 때문이다. 구렁이 담 넘어가듯 어떤 문제도 능청스럽게 넘길 수 있는 그런 동반자가 아디다스에게 필요했다.

1974년 피파 회장 선거 전 아벨란제는 선거에 중요한 변수였던 아프리카 지역을 돌며 협회 임원들의 환심을 샀다. 독재자들과 친분을 자랑하던 그가 평소 관심도 없던 인종차별 문제에 반대하는 운동도 벌였다. 이렇게 앞에서 아벨란제의 선거 운동이 진행되는 동안 호르스트는 아프리카 여러 나라에 스포츠 용품을 공급했다. 물론 이것이 전부가 아니었다. 영국 선데이 타임즈는 당시 임원들이 묵은 호텔에서 돈봉투가 여러 개 발견되었다고 폭로하기도 했다.

　이후 그들의 눈에 걸린 대상은 당시 피파 사무총장이었던 헬무트 케저였다. 스위스 변호사 출신인 이 인물은 애초부터 아디다스와 피파의 결탁에 의심을 가지고 있었다. 호르스트 역시 케저가 마음에 들지 않았기에 호시탐탐 그를 몰아내려 기회를 엿보고 있었다. 그러던 중 케저가 개인적인 연줄로 피파 본부 건물을 완공하고 시공 사업가에게 피파의 상업적 이용권을 제공하자 호르스트의 분노는 극에 달했다. 사업권은 마땅히 피파의 파트너인 아디다스가 차지해야 한다는 게 그의 생각이었다. 곧 호르스트는 케저를 제거하기 위해 술수를 썼다. 그는 피파 임원들에게 선심을 베풂과 동시에 사무처장인 케저를 따돌리기 시작했다. 항의 투서를 날리고 케저가 시공 사업가에게 뇌물을 받았다는 음모론을 퍼뜨리기도 했다. 결국 1981년 5월 스페인 마드리드에서 열린 피파 수뇌부 모임에서 위로금 159만 7천 프랑(약 17억 원)과 함께 케저는 퇴임해야 했다. 그리고 공석인 사무총장 자리에 현 피파 회장 제프 블래터가 들어왔다. 정예 삼각편대가 마련되는 순간이었다.

진흙탕 선거전

• 1994년

1974년 회장 자리에 올라 피파 월드컵을 세계 최고의 흥행거리로 만든 아벨란제는 90년대 들어 조금씩 흔들리기 시작했다. 개인적인 부패 사건이 많았을 뿐만 아니라 피파 내부에서도 그의 적대 세력이 등장하고 있었다.

아벨란제는 마지막 선거였던 1994년 하마터면 제 손으로 키운 블래터에게 회장직을 뺏길 뻔했다. 아디다스 회장 호르스트의 심복으로 피파 사무총장에 앉게 된 블래터는 남모르게 조금씩 야욕을 키웠다. 피파의 각종 장부를 관리하는 역할에 있었기 때문에 점점 불어나는 자리 욕심은 어쩌면 당연한 결과였다. 스위스 본사에서도 회장이 자리를 비우면 모든 권한은 블래터가 잡았기에 스스로 가능성을 엿보았는지도 모른다.

선거를 앞두고 블래터는 전 세계 축구 협회를 순회하며 입지를 넓혔다. 1994 미국 월드컵 개막 전야에 열린 대륙연맹 회의에서는 급기야 자신이 아벨란제의 도전자로 선거에 나서겠다고 공언했다. 그는 북중미카리브축구연맹(CONCACAF)에서도 자신의 의지를 재차 보였다.

블래터의 행보는 곧 회장 아벨란제에게 보고되었다. 아벨란제는 CONCACAF를 장악하고 있던 자신의 측근 잭 워너를 시켜 임원단을 포섭하려 노력했다. 이후 각 축구 연맹 회장들과 가진 취리히 회의에서 블래터와 그 주변 인물들을 불참시킴으로써 괘씸한 블래터에게 쓴맛을 보여줬다. 더불어 아벨란제는 이 모임에서 승부수를 던지는데 1998년 월드컵부터 참가국을 8개 늘린 32개국으로 조정하겠다는 공약을 발표했다. 이는 더 많은 나라에 월드컵 참가 기회를 부여함과 동시에 피파와 각종 연맹 임원들에게도 더 폭넓은 경제적 지원을 암시했다.

▲ 피파 전 회장 주앙 아벨란제

1994년 6월 아벨란제는 다시 한 번 회장 자리를 지켜냈다. 이 선거에서 위기의식을 느낀 그는 재임 후 자신의 입지를 다짐과 동시에 반대파 숙청에 나섰다. 그해 10월 열린 피파회의에서 자체적으로 만든 '위원회 신규 임명 명단'을 발표해 임원 물갈이에 나섰다. 이 과정에서 기존의 구성원 대부분이 교체되었다.

주목할 만한 점은 아벨란제의 사위인 히카르두 테이셰이라가 이때부터 본격적으로 피파에 자리를 잡았다는 사실이다. 테이셰이라는 집행위원회 새 위원직과 심판위원회, 98 월드컵조직위원회 자리를 맡았다. 신기하게도 회장 자리를 넘봤던 블래터는 살아남았다. 피파의 모든 사정을 알고 있었던 사무총장을 내치기는 아무래도 위험 부담일 컸을 것이다.

훗날 한 인터뷰에서 블래터는 스스로 아벨란제의 반대 세력이 되려 한 적이 없으며 이는 언론이 지어낸 소설이라고 구차한 변명을 하기도 했다.

• 1998년

회장의 자리를 지켰지만 아벨란제를 향한 의심의 눈초리는 여전했다. 그는 건강 문제도 있었지만 이미 여러 개인적인 사건으로 힘을 잃고 있었다. 그 중 하나가 1995년 11월 국제적으로 비판받는 나이지리아 군부독재자 사니 아바차와 친분을 쌓은 일이었다. 권력을 마음대로 휘두르고 토착민과 인권 운동가들을 무자비하게 죽이던 아바차에게 아벨란제가 U-20 월드컵을 떡하니 바치자 세계가 경악했다. 당시 아벨란제의 반대파였던 렌나르트 요한손은 아벨란제의 몰지각한 행동이 반복되자 다음 회장 선거에 출사표를 던졌다. 그는 "피파가 어떻게 사업을 벌여왔는지 독립 기관에서 공정한 감사를 받을 수 있게 하겠다."며 의지를 드러냈다.

더불어 2002년 월드컵을 일본에서만 개최하려던 아벨란제의 계획을 요한손이 저지해내자 회장의 권위는 바닥으로 떨어졌다. 아벨란제와 앙숙이었던 여러 축구 임원과 관계자를 포섭해 한일 월드컵 공동개최를 따낸 요한손의 업적은 피파 내 변화를 알리는 사건이었다.

아벨란제는 순순히 물러나지 않았다. 대신에 자신의 심복인 블래터를 다음 회장으로 밀어주는 전략을 선택했다. 최소한 반대파 요한손이 선출되는 것보다는 나았기 때문이다. 일찌감치 회장 출마를 선언한 요한손은 블래터를 자극했다. 선거에 나올지 말지 선택하지 않고 어물쩍거리는 블래터가 마음에 들지 않았기 때문이다. 4월 후보 등록 마감 시점이 되어서야 블래터는 아벨란제의 힘을 업고 회장직 출마를 선언했다.

아벨란제는 자신의 반대에 섰던 블래터를 적극적으로 밀어주기 시작했다. 무엇보다 아프리카 표를 공략해야 했다. 이곳은 요한손과 절친한 사이인 아프리카축구연맹(CAF) 회장 이사 하야투가 장악하고 있었기 때문이다.

아벨란제와 블래터는 최고급 만찬과 호텔로 임원들을 대접함과 동시에 각 나라에 개발 지원을 약속했다. 1998년 6월 8일 제8대 회장은 블래터가 차지했다. 111대 80으로 선거는 마무리되었다. 그 어느 때보다 상반되는 두 진영이 맞붙어 선거전은 유례없이 치열했다. 당시 요한손이 신고한 공식 선거 비용은 53만 여 달러(약 5억 8천만 원)로 유럽축구연맹(UEFA)의 승인을 받은 자금이었다. 이에 비해 블래터는 훨씬 저렴한 13만 달러(약 1억 3천만 원)로 비용을 신고했지만 이는 터무니없는 액수였다. 임원들에게 제공한 고급 호텔 숙박비만 해도 이 금액을 훨씬 넘었다. 피파의 한 관계자는 당시 블래터가 200만 달러(약 22억 원)를 썼다고 밝혔다.

▲ 피파 현 회장 제프 블래터

선거에서 뒷거래가 있었다는 이야기는 명백한 사실로 드러났다. 당시 선거가 끝나고 CAF회장 하야투와 다른 임원들은 뇌물을 받은 동료들을 대신해 요한손에게 사과했고, 온 나라 기자들이 이 모습을 포착했다.

더불어 선거전 당시 피파 부회장이었던 잭 워너는 직위 사임 후인 2011년 10월 18일에 피파의 부패를 폭로했다. 내용에 따르면 1998년 회장 선거 전 블래터는 소말리아축구협회장 파라 아도에게 요한손으로 몰리는 표를 막아달라는 부탁을 했다고 한다. 하지만 아도는 이 제안을 거절했고 당일 투표 장소에 도착한 그는 자신의 이름이 선거인 명단에서 제외된 사실을 발견했다. 요한손과 하야투가 조치를 취한 뒤 아도는 투표권을 되찾았다.

이후 아도는 블래터에게 항의서를 보냈는데 여기에는 동료들의 역적모의 시도와 자신이 받은 협박에 관한 내용이 담겨 있었다. 이 두 사건은 아프리카 임원들이 요한손에게 표를 몰아주기로 합의한 직후 일어났는데 아도가 잠시 자리를 비운 사이 동아프리카축구협회(CECAFA) 동료들과 피파가 모임을 가진 데 대한 항의였다. 여기에서 아도의 동료들은 항공료와 호텔 숙박비에 개인적인 용돈 20만 달러(약 2억 원)를 받았다. 1999년 동아프리카컵을 연 르완다는 50만 달러(약 5억 4천만 원)를, 당시 CECAFA회장 아부 히라즈와 그의 사무총장 남베야에게는 30만 달러(약 3억 2천만 원)를 받은 사실도 아도의 항의서를 통해 밝혀졌다. 고발 이후 역설적이게도 피파 징계위원회는 아도가 있는 소말리아축구협회를 감사하기 시작했다.

불미스러운 잡음도 블래터의 회장 자리를 막진 못했다. 권력욕으로 넘치는 임원들의 사정을 잘 알아서였을까. 블래터는 피파의 수장으로 당선된 후 9월 18일에 가진 간부회의에서 임원들에게 피파 건물 내 개인 휴대전화 사용을 금지하는 지침을 내렸다. 공식 피파 회선만 사용하도록 함으로써 조직을 더 잘 관리하려는 자신의 속내를 드러냈다. 그 시기 대부분의 임원들은 피파 공용 회선이 도청된다는 사실을 알고 있었는데도 말이다.

- 2002년

피파 선거 전에는 항상 비밀스러운 활동이 발생한다. 각 진영에서 고용한 탐정들은 꼬리에 꼬리를 물고 상대의 약점을 캐내고 물어뜯는다. 피파 규정상 선거를 위해 돈이나 인력을 사용할 수 없도록 되어있지만 이는 무용지물이다. 2002년 회장 선거 역시 예외는 없었다.

선거가 얼마 안 남은 4월 블래터의 정치 참모인 제롬 샹파뉴는 아프리카 표심 공략을 위해 해외 순방길에 올랐다. 그는 무려 엿새 동안 11개국을 방문했는데 하루도 한 곳에 제대로 숙박할 수 없는 빡빡한 일정이었다. 이때 여당파는 블래터와 그의 최측근 빈 함맘, 제롬 샹파뉴가 중심이었고 도전하는 야당파는 CAF 회장이었던 하야투와 그를 지지하는 정몽준, 데이비드 윌, 그리고 사무총장 젠루피넨 등이 주축이었다.

▲ 빈 함맘(왼쪽)과 정몽준(오른쪽)

이즈음 피파 내부는 한창 시끄러웠다. 여당파가 피파 임원들을 돈으로 매수하려는 움직임이 보이자 정몽준은 빈 함맘에게 여당파의 선거 활동을 비난하는 편지를 썼다. 이에 빈 함맘 역시 정몽준이 2002 월드컵을 일본에서만 개최하려는 블래터 세력에 반대하기 위해 이야기를 지어냈다며 맞섰다. 오히려 대기업 회장인 정몽준이 돈을 뿌리고 있다고 비난하기도 했다.

한일월드컵 전 서울에서 치른 임시재무회의에서도 문제가 있었다. 야당 무리의 대표 격이었던 요한손은 회의에 참석할 기회도 얻지 못했으며 블래터 세력의 일방적인 진행으로 모든 것이 이끌려갔기 때문이다. 특히 회의 전 데이비드 윌은 연맹 임원들을 상대로 1999년과 2001년 피파 수익 안에 2006년 월드컵 예상 수입 6억 9000만 프랑 중 일부가 포함된 회계조작을 알리는 감사보고서를 돌리기도 했다. 정작 임원들의 관심은 다른 데 있었다. 그들에게는 그저 자신이 챙길 배당금만 중요할 뿐이었다. 사무총장 젠루피넨 역시 피파 재정을 마음대로 주무르는 블래터를 이미 고소한 상태였다.

회의는 야당파의 각본대로 흘렀다. 블래터와 한통속인 재무위원장 그론도나, 자메이카축구협회장 호레이스 버렐, 리비아 독재자의 아들 알사디 무아마르 카다피 등은 블래터에게 연신 박수를 쳤다. 그리고 그들은 당시 일어났던 재무위기를 언급하며 기다렸다는 듯 감사팀 구성을 제안했다. 블래터 역시 흔쾌히 이를 받아들였고 감사위원장 자리에 피파 재무책임자인 우르스 린지를 임명했다. 검사를 받아야 할 린지를 감사위원장으로 세우다니, 고양이에게 생선을 맡긴 꼴이었다. 회장 출마자 하야투를 비롯해 데이비드 윌, 정몽준, 젠루피넨 등 야당파 위원 중 어느 누구도 발언 기회를 얻지 못했다. 비판 기사를 쏟아내려던 각국 기자들 역시 질의응답을 철저히 통제당하며 자리를 지켜야 했다.

하야투가 도전자로 나온 선거의 결과는 139대 56으로 블래터의 승리였다. 이후 피파에는 언제나 그렇듯 피바람이 불어 닥쳤다. 블래터 스스로 한때 '미스터 클린(Mr. Clean-깨끗한 사람)'이라고 칭찬하던 사무총장 젠루피넨을 먼저 해임했다. 자신을 고소한 데 대한 응징이었다. 그리고 반대파에 섰거나 그 무리와 연관된 듯 보이는 직원 70여 명을 피파 본부에서 내쳤다.

▲ 젠루피넨은 월드컵 조 추첨식 사회자로도 유명하다

2002 한일월드컵이 끝나고 다음 해 초 블래터는 국제평화상(Global Award for Peace)을 수여받았다. 오랜 적대 관계였던 한국과 일본이 월드컵을 공동개최하도록 도와 세계 평화에 기여했다는 명목이었다.

역설적이게도 블래터는 일본 단독 개최를 주장했던 전 회장 아벨란제와 뜻을 같이 했었다.

• 2011년

정치판에서는 '오늘의 동반자가 내일의 적'이 되는 일이 흔하다. 1998년 당시 교통사고를 당한 아들을 돌보는 대신 블래터의 선거전을 도우며 동분서주(東奔西走)했던 빈 함맘이 다른 마음을 가지리라고는 누구도 예상하지 못했다.

아시아축구연맹(AFC) 회장이었던 빈 함맘은 먼저 자신의 자리에서 힘을 키웠다. 2009년 셰이크 살만 바레인 축구협회장의 도전을 받으며 큰 위기를 겪었으나 결과적으로 선거에서 승리하면서 한 번 더 입지를 다졌다. 그의 다음 목표는 블래터의 몰락이었다.

먼저 빈 함맘은 블래터의 심복인 플라티니에게 접근해 2011년 선거에 나서도록 설득했다. 하지만 이때는 블래터와 플라티니의 사이가 한창 좋은 시기였기에 그의 제안은 단칼에 거절당했다. 그래도 포기할 수 없었다. 빈 함맘은 곧 정몽준과 잭 워너에게 접근했다. 그리고 카타르 월드컵 개최 선언이 막 끝난 2011년 3월 중반 그는 회장 출마를 공식 선언했다.

분위기는 충분히 할 만했다. 블래터에게 플라티니를 배경으로 한 유럽이 있었다면 빈 함맘에게는 아시아와 더불어 북중미

카리브축구연맹(CONCACAF) 회장 잭 워너를 주축으로 한 아메리카가 있었다.

블래터도 앉아서 당하고만 있지 않았다. 오히려 빈 함맘보다 한 발 앞서 머리를 굴렸다. 선거를 한 달여 앞둔 5월 9일 피파는 국제형사경찰기구인 인터폴과 '반부패 운동 협약(Fifa Anti-Corruption Training Wing)'을 체결했다. 여기에는 피파의 2000만 유로(약 268억 원) 지원도 약속되어 있었다. 더 나아가 블래터의 심복 플라티니는 UEFA 회장의 권위로 2010-11 챔피언스리그가 열린 영국 런던에 모든 피파 회원국 협회장들을 초대했다. 물론 VIP 최고급 대우였다.

블래터의 선거 운동은 피파 내부에서도 암묵적으로 질타를 받았다. 이때껏 많은 부패 문제가 있었음에도 방관하다가 선거 한 달 전에 맺은 조사 협약은 누가 봐도 께름칙한 구석이 있었다. 심지어 이 결정은 이는 피파 내부 승인도 없이 이뤄진 결정이었다. 사무총장 제롬 발케는 상의도 없이 2000만 유로를 떡하니 내준 블래터에게 몹시 화가 난 상태였다. 빈 함맘은 블래터의 독단적인 협약 체결을 두고 "회장이 위원들과 논의 한번 없이 제멋대로 기부금 제공을 결정했다. 축구를 다스리는 그들의 방식이 얼마나 깨끗하지 못하고 자의적인지 보여주는 사례다."라고 비판했다.

선거 작업이 절정으로 치달을 쯤 이상한 일이 생겼다. 투표가 일주일도 남지 않은 5월 28일 밤 빈 함맘은 돌연 회장 출마 자진사퇴를 밝혔다. 그에게 무슨 일이 있었을까.

투표가 얼마 남지 않았을 무렵 위원들 사이에서 소문이 하나 돌고 있었다. 블래터가 카타르 왕세자인 야심 알사니 가족과 접촉한다는 내용이었다. 카리브 출신인 빈 함맘의 안방을 공략하는 블래터의 계략이었다. 이와 함께 피파윤리위원회는 선거 운동 중 일었던 빈 함맘의 뇌물 스캔들을 본격적으로 파헤쳤다. 당시 빈 함맘은 카리브해 집행위원들에게 4만 달러씩 총 200만 달러(약 22억 원)에 이르는 뒷돈을 뿌렸다는 혐의를 받았다.

2011년 6월 1일 블래터는 단독 후보로 회장에 출마했다. 그리고 인터폴과 맺은 협약을 강조하며 수상 소감을 마쳤다. 그의 입에서는 '투명성'이라는 말이 연신 쏟아졌다.

블래터는 소기의 목표를 달성했으니 그만이었지만 이보다 잡음이 많은 선거전도 없었다. 빈 함맘이 압박에 못 이겨 사퇴를 발표했음에도 당시 위원들 사이에는 그가 엄청난 처벌을 받을 것이라는 이야기가 돌았다. 예상은 적중했다. 그해 7월 빈 함맘은 피파 위원 자격 평생 박탈이라는 수모를 겪었다. 또한, 그와 한패였던 잭 워너는 사무총장 제롬 발케가 보낸 이메일을 폭로하며 피파의 추태를 들췄다. 여기서 발케는 "빈 함맘이 왜 출마했는지 알 수가 없다."고 하며 워너에게 빈 함맘을 해치우라고 요구하기도 했다. 회장 선거전에 위원의 직접적인 개입은 중립 의무를 명시한 피파 규약에 어긋나는 행위다. 발케는 얼마 뒤 CONCACAF 위원들에게 블래터를 지지하라는 말을 왜 했는지 구구절절 변명을 늘어놓았다. 블래터가 CONCACAF에게 독단적으로 준 지원금을 두고 터뜨린 불만에 대해서는 "농담이었습니다. 보통은 회장이 축구협회에 프로젝트를 먼저 제공하고 우리는 나중에 추인합니다."고 하며 얼버무렸다. 이는 100만 달러나 되는 거금을 위원회 상의도 없이 회장 마음대로 주물러도 상관없음을 시인하는 꼴이었다.

패밀리의 비리

- 주앙 아벨란제

벨기에에서 브라질로 이민 온 무기상의 아들이었던 아벨란제는 막대한 부를 기반으로 일찌감치 브라질스포츠연맹에서 입지를 다졌다. 가진 것이 많다보니 이런저런 투자도 많이 했는데 여기에는 '비초'라 불리는 불법 복권과 무기거래 사업도 있었다. 아벨란제가 구설수에 오르는 이유는 비단 이뿐만이 아니었다. 특유의 친화력으로 주요 군부독재자와 친분을 과시하기도 했는데 많은 토착 부족과 인권 운동가를 처형한 나이지리아의 독재자 사니 아바차와 관계는 세계의 비난을 사기도 했다. 특히 브라질과 아르헨티나의 군부독재자들은 아벨란제의 도움으로 국내 정권 유지를 위해 월드컵을 이용할 수 있었다.

아벨란제는 첫 선거전부터 뇌물로 임원들을 사들였다. 1974년 피파 전 회장 스탠리 라우스를 물리치던 시기 언론은 아벨란제가 아프리카 대륙연맹의 회장이었던 이드네카체브 테세마의 도움으로 임원들을 매수하려했다고 폭로했다.

권력의 정점에 있던 1993년 그는 어처구니없는 실수를 저질러 세간의 눈총을 받기도 했다. 12월 무렵 미국 라스베이거스에서 열린 월드컵 조 추첨식에서 느닷없이 펠레를 쫓아내려 했기 때문이다. 세계 축구사의 한 획을 그은 살아있는 전설 펠레를 명단에서 제외하려 하다니 이 무슨 날벼락이란 말인가. 피파 위원들은 회장의 화를 누그러뜨리느라 이리저리 바쁘게 뛰어다녀야 했다.

사건의 발단은 자신의 사위이자 피파 임원인 테이셰이라와 펠레의 다툼이었다. 당시 펠레가 운영하던 마케팅 회사는 브라질에 주어진 1994년 월드컵 중계권을 사들이려던 참이었다. 이에 브라질축구협회장이었던 테이세이라가 100만 달러(약 11억 원) 상당의 뇌물을 요구했고 펠레가 이를 거절하면서 싸움이 일어났다. 결국 펠레는 조 추첨식장에서 쫓겨났고 곧 피파 축구 친선대사직도 잃었다. 이후 펠레가 브라질 체육부 장관이 되어 축구 클럽 경영에 투명성을 보완하려 하자 아벨란제는 다시 그를 막아섰다. 1998 프랑스월드컵에서 브라질의 출전 자격을 박탈하겠다고 으름장을 놓기도 했다. 1997년 마르세유에서 열린 월드컵 조 추첨식에서 아벨란제는 펠레를 또 한 번 쫓아냈다.

1955년에 브라질올림픽위원회 위원이 된 후 국제올림픽위원회(IOC)와 피파를 오가며 50년이 넘는 기간 동안 스포츠 임원 자리를 꿰찬 아벨란제의 마지막은 초라했다. 여태껏 쌓인 비리가 한 번에 터지면서 그는 모든 것을 내려놓아야 했다. 먼저 2011년 말에 터진 뇌물 폭로 사건으로 그는 국제올림픽위원직을 사퇴했다. 피파 회장 당시 스포츠마케팅회사인 ISL에게서 100만 달러의 뒷돈을 받았다는 주장이 돌았고 IOC는 당장 윤리위원회를 소집했다. 이에 아벨란제는 자신의 자리를 포기했고 가까스로 조사를 면했다.

손바닥으로 하늘을 다 가릴 수 없듯 아벨란제는 수차례의 땜질로도 자신의 비리를 가리지 못했다. 2013년 그동안 저질렀던 비리가 한꺼번에 쏟아져 나왔다. 피파 윤리위원회는 그가 스포츠마케팅회사인 ISL에게서 1992년부터 1997년까지 최소 1천 270만 프랑(약 150억 원)을 받은 증거자료를 스위스 대법원에 제출했다. 1998년 블래터에게 피파 회장직을 넘기기 직전에는 같은 회사에게서 150만 프랑(약 17억 6천만 원)을 수령하기도 했다. ISL은 피파와 마케팅 거래를 한 회사로 오래전부터 임원들에게 뇌물을 제공해왔다. 자신의 과거가 만천하에 드러나자 아벨란제는 결국 피파 명예회장직에서 물러났다.

• 히카르두 테이셰이라

테이셰이라는 자신의 장인과 마찬가지로, 축구와는 인연이 없었으나 일찌감치 임원으로서 엄청난 부를 축적한 인물이다. 특히 피파 회장 아벨란제의 외동딸인 루시아와 결혼하면서 테이셰이라는 스포츠계에 흐르는 돈줄을 꽉 잡았다.

▲ 전 회장 아벨란제의 사위 테이셰이라

축구 황제 펠레와 다툰 일화는 테이셰이라가 어떤 인물인지 그 무엇보다 잘 설명해준다. 1994 미국월드컵의 자국 중계권을 두고 당시 브라질축구협회장이었던 그는 펠레의 마케팅회사와 거래를 벌이려 했다. 일명 '자릿세' 개념인 100만 달러를 바치라

제5장 검은 뒷거래 **205**

는 내용이었다. 펠레는 당연히 이를 거부했고 싸움은 테이셰이라의 장인인 아벨란제가 개입하면서 걷잡을 수 없이 커졌다. 8년 간 다툼은 계속되었고 펠레는 1998 프랑스월드컵 조 추첨식에서 쫓겨나는 수모를 겪어야 했다.

2001년 브라질 의회와 상원이 진행한 조사에서 테이셰이라의 '화려한' 이력이 본격적으로 드러나기 시작했다. 1,129쪽의 방대한 스포츠 임원 보고 자료 중에서 그에 관한 기록만 536쪽에 이르렀다. 총 12개가 넘는 다양한 범법 행위 속에는 계약위조와 탈세, 공금 횡령, 브라질축구협회장 시절 환투기를 통한 차익 착복 혐의가 포함되어 있었다.

그럼에도 자리를 지켜낸 그에게 묵직한 카운터펀치가 한 방 꽂혔다. 2010년 10월 29일 영국 공영방송 BBC에서 방영된 시사고발프로그램 '파노라마'는 2001년 파산한 스포츠마케팅회사 ISL과 피파 임원들 사이에 오고간 뇌물을 거침없이 폭로했다. 전파를 타기 한 달여 전에 투서된 비밀문서를 기반으로 파노라마는 임원들이 총 175번에 걸쳐 약 1억 달러(약 1천 1백억 원)를 챙겼다고 고발했다. 문건에는 다양한 인물이 있었는데 유독 눈에 띄는 자가 있었으니 피파 회장의 사위 테이셰이라였다. 950만 달러(약 104억 원)라는 독보적인 액수는 그의 구린내 나는 과거를 짐작케 하기에 충분했다.

이듬해에는 테이셰이라의 딸 안토니아의 통장계좌에 수상한 돈이 찍혔다. 당시 10살이었던 여자 아이가 받기에는 설명이 안 되는 200만 파운드(약 34억 원)는 그 출처가 드러나면서 다시 한 번 사람들에게 의문을 남겼다. 돈을 보낸 이는 FC바르셀로나 회장을 지낸 산드로 로셀이었다. 로셀은 과거 나이키의 브라질 총 판업무를 맡으면서 테이셰이라와 친해졌다. 더불어 그는 2010년 카타르 파운데이션과 바르셀로나 후원협약을 맺으면서 카타르 지역 임원들과도 친분을 쌓았다. 돈이 흐른 시기는 러시아, 카타르월드컵 개최지 선정이 막 끝났을 무렵이었다. 로셀이 10살밖에 안 된 테이셰이라의 딸에게 뜬금없이 34억 원이라는 거액을 준 이유는 무엇이었을까. 로셀을 정점으로 투표권을 가진 임원 테이셰이라와 카타르 관계자들이 연결되고, 테이셰이라가 표를 주는 대가로 돈을 챙긴 정황이 쉽게 연상되지 않는가.

갖은 비리 의혹에 테이셰이라는 결국 2012년 3월 12일 편지를 보내 브라질축구협회장과 피파임원 자리에서 사퇴했다.

• 제프 블래터

"내년 임기가 끝나지만 난 아직 할 일이 남았다. 새로운 피파를 만드는 데 모두가 함께 해주길 바란다." 제프 블래터는 2014년 6월 12일 브라질 상파울루에서 열린 피파 총회에서 5선 출마를 외치며 당찬 포부를 드러냈다. 16년 동안 회장직을 지켰음에도 그는 여전히 배고파 보였다.

블래터는 우연한 기회에 스포츠업계로 발을 들였다. 스위스 시계회사인 론진에서 재무 관련 일을 하다가 아디다스 회장이었던 호르스트 다슬러의 추천으로 1974년 피파에 들어온 그는 이후 호르스트와 피파 전 회장 아벨란제의 심복이 되었다. 피파의 핵심 자리인 사무총장을 맡으며 블래터는 조금씩 야망을 키웠고 1998년이 되어서야 아벨란제의 지원을 받아 다음 자리를 이어받았다.

정권 교체 과정에서 아벨란제는 블래터에게 비밀스러운 상여금도 약속했는데 이 내용은 1999년까지 피파 재무책임자였던 에르빈 슈미트의 서류에서 찾을 수 있다. 아벨란제가 직접 서약한 이 보증서에는 1997년부터 매년 7월 1일 블래터에게 60~80만 프랑에 이르는 돈을 지급하라는 내용이 담겨 있었다. 현재까지 최소한으로 계산해도 1천만 프랑(약 110억 원) 가까이 되는 액수다.

회장이 된 지 1년 뒤 피파는 스위스의 세무 상담 전문회사인 KPMG에게 회계 감사를 받게 되는데 여기에서 드러난 조직의 재무체계는 엉망이었다. 제대로 된 회계보고서는 찾을 수도 없었고 블래터가 사무총장을 맡았던 1997년과 1998년 소득세 신고서는 이미 사라진 상태였다. 회계감사팀은 피파가 1997년 사우디아라비아 컨페더레이션스컵에서 발생한 초과 지출을 메워주기 위해 주최 측에 47만 프랑(약 5억 원)을 이체한 내역을 발견했다. 당시 명예회장이었던 아벨란제에게 활동비 명목으로 책정된 78만 프랑도 감사팀의 눈에 걸렸다. 그럼에도 블래터는 회장단 영역의 조사를 극구 막아섰다.

블래터의 비밀장무를 관리하는 이들은 사무총장인 제롬 상파뉴를 포함해 대부분 컨설팅 전문업체 '매킨지 앤드 컴퍼니' 소속의 홍보전문가였다. 그리고 이 속에는 블래터의 조카인 필리페 블래터도 있었다. 특히 조카 필리페는 본인 회사의 스위스 취리히점 이사직을 맡고 있었기 때문에 삼촌 블래터와 협상을 벌이기도 했다. 블래터는 임원들과 상의도 없이 조카의 회사를 피파 재무부서로 신설했고 2000년 7월부터 2002년 3월까지 매달

42~76만, 모두 약 1천 200만 프랑 규모로 거래를 성사시켰다.

　피파의 돈줄이었던 스포츠마케팅 회사 ISL이 2001년 파산하자 블래터의 고민은 이만저만이 아니었다. 확실한 자금줄이 끊겼기 때문이다. 더군다나 피파가 전년도에 끌어온 대출금 3억 프랑(약 3,300억 원)을 메울 길도 막막했다. 2002년 5월 선거에서 재선을 노렸던 그는 묘안을 짜냈다. 월드컵 마케팅 권리금의 일부를 선금 형식으로 미리 받는, 다시 말해 2006년 월드컵 수익을 끌어와 2002년에 넣는 회계조작이 블래터가 선택한 대안이었다. KPMG 회계팀은 이 시기에 작성된 피파의 수익현황이 왜곡되었다고 밝히기도 했다.

▲ 당시 스위스 언론에 대서특필된 블래터의 교통사고

블래터는 2008년 10월 18일 교통사고를 냈다. 2억 원이 넘는 메르세데스 벤츠를 타고 고향으로 가던 길이었다. 그는 터널을 지나 한 차량을 추월하다 접촉사고를 냈고 중앙선을 넘어 반대편 차량을 한 번 더 들이받았다. 그리고 이어진 사고 처리 과정에서 이상한 일이 일어났다. 현장에 출동한 경찰은 블래터의 차 번호판을 떼어내 버렸다. 이 '수고로움'으로 기자들은 차주를 확인하는 데 어려움을 겪었다. 번호판 제거를 끝까지 발뺌하던 수사당국은 결국 사실을 시인했고, 경찰 대변인은 "누구나 자신의 신상을 보호받을 권리가 있습니다. 공인의 경우에는 말할 것도 없죠."라는 말을 남겼다.

  특유의 입방정은 덤이다. 2011년 잉글랜드 프리미어리그에서 경기장 인종차별 행위가 논란이 되자 그는 회장으로서 한 마디 거들었다. "축구계에서 인종차별은 완전히 사라졌다. 만약 인종차별적인 이야기를 듣는다 해도 게임의 일부일 뿐이라고 생각하면 된다. 경기 후 문제를 뒤로한 채 악수로 화해하면 그만이다." 이 발언은 영국인이 가장 싫어하는 인물 조사에서 블래터가 1위를 차지하는 데 한 몫 했다.

  크리스티아누 호나우두에게는 "지시 내리기 좋아하는 사령관 스타일인 데다 헤어스타일에 돈을 많이 쓴다."고 말하며 우스꽝스럽게 호나우두 흉내를 내기도 했다. 각 지의 축구팬들은 늙은 회장에게 십자포화를 쏟아 부었다. 포르투갈축구협회와 호나우두의 소속팀 레알 마드리드는 피파에 공식 항의문을 보냈다.

  경솔한 언행은 이것으로 끝이 아니었다. 리오넬 메시가 2014 브라질월드컵 최우수선수상을 타자 "메시가 상을 탄 건 잘못되었다. 내가 볼 때는 우승을 차지한 독일의 골키퍼 마누엘 노이어가 상을 받아야 했다."고 말해 눈살을 찌푸리게 했다. 이에 세계적인 명장 카를로 안첼로티 감독은 "블래터의 입을 다물게 하기란 불가능하다."고 하며 회장을 비꼬았다.

20년 째 회장 자리를 노리는 블래터의 주위에는 여전히 검은 무리가 득실거린다. 결정적으로 피파 부회장 겸 아시아축구연맹 회장이었던 빈 함맘이 월드컵 유치 활동 중 아프리카 축구연맹원들에게 500만 달러(약 55억 원)를 뿌린 사실이 드러나면서 분위기는 더욱 어두워졌다.

2018, 2022 월드컵 유치 과정과 더불어 여태껏 드러난 비리 정황에 피파는 마이클 가르시아 전 인터폴 사무차장을 윤리조사관으로 두고 조사를 시작했다. 2년 동안 조사를 마친 뒤 가르시아는 430여 쪽에 이르는 방대한 자료를 내놓았다. 그러나 블래터는 "그 보고서를 공개하면 피파 자체 규정뿐만 아니라 스위스 법률까지도 위반한다. 피파는 법치 국가 안에 있어 국법을 지켜야 한다."라고 하며 원본 공개 불가를 못 박았다. 대신 사건을 축소해 42쪽 정도의 자료만 간략하게 제시했다.

가르시아 조사관은 조사 발표가 심하게 왜곡되었다며 항의했지만 이는 여러 차례 묵살 당했고 결국 피파윤리위원회 수석 조사관 자리를 박차고 나왔다. '또 하나의 실패'라는 UEFA 회장 플라티니의 지적대로 가르시아 사임은 블래터에게 조종당하는 피파윤리위원회의 무능을 다시 보여줬다.

Football > World Cup　　7 Shares　f Share　🐦 Tweet

FIFA investigator Michael Garcia resigns in protest

By Reuters　　Last update 1 hour ago · Published on 17/12/2014 at 16:55

Michael Garcia has resigned from the FIFA ethics committee after being unhappy with their handling of his report on the 2018 and 2022 World Cups.

Garcia released a statement explaining his decision to step down from his role with FIFA having led the investigation into the bid processes involved in the 2018 World Cup finals - to be hosted by Russia - and the 2022 World Cup finals to be staged in Qatar.

▲ 보고서 공개가 피파 회장에 의해 무산되자 분노하는 가르시아

ISL 파산

피파의 금고였던 스포츠마케팅 회사 ISL은 2001년 5월 파산했다. 오랜 파트너였던 ISL을 지키기 위해 피파는 프랑스 미디어그룹 비방디와 협상했다. 그럼에도 비방디는 끝내 ISL 인수를 거부했고 스위스 추크지방법원에서 파산 절차는 마무리되었다.

스포츠마케팅회사 ISL의 초기 회장은 아디다스의 호르스트 다슬러였다. 1970년대 중반 각종 스포츠 중계권과 광고권 등 새롭게 떠오르는 이권사업에 주목한 호르스트는 ISL을 통해 막대한 수익을 올렸다. 초기에는 대형스포츠 행사에서 펜스 광고를 팔았고 1978년 아르헨티나 대회부터 본격적으로 월드컵 사업에 뛰어들었다. 8년 뒤 멕시코월드컵에서는 마케팅권리를 4,500만 프랑에 산 후 이를 되팔아 약 2억 프랑(약 2,200억 원)의 이득을 챙기기도 했다.

계속되는 성공 가도를 스스로 제어하지 못한 폐단이 ISL의 가장 큰 실수였다. 축구 외에도 유럽농구선수권대회나 미국의 자동차경주대회인 카트시리즈, 프로테니스협회와 체결한 막대한 규모의 이권사업은 ISL에게 재정난을 일으켰다. 1990년대 후반 들어 ISL이 체결한 사업의 전체 규모는 40억(약 5조 3,000억 원)에 이르렀다.

회사 내부적으로도 비자금 조성과 뇌물 지급으로 ISL은 위기를 자초했다. 독일 리히텐슈타인과 영국령 버진 제도에 설립한 정체불명의 재단 '눈카, 선보'는 스포츠 임원들을 위한 뇌물지급 수단으로 이용되었다. 파산 선고가 있었던 스위스 추크법정에서 드러난 ISL의 뇌물 지급액은 상상을 초월했다. 1989년부터 2001년 5월까지 약 1억 5,600만 프랑(약 1,700억 원)을 뿌린 사실이 만천하에 공개되었다. 법정에서 한스위르크 슈미트 재무담당자와 말믈스 회장은 "잘못은 알지만 뇌물을 제공하지 않으면 임원들이 계약에 서명하지 않을 것이라는 말을 듣곤 한다.", "업계의 관행이고 사업 방식의 일부였다. 뇌물 지급이 없이는 아무것도 안 된다."라고 하며 각각 범죄를 자백했다.

ISL이 파산하기 석 달여 전 장마리 베버는 블래터에게 회사의 재정난을 알렸다. 일종의 도움 요청이었다. 곧 블래터는 ISL과 자금조달 협약을 비밀리에 체결하는데 이름하여 '돈(DAWN) 프로젝트'였다. 피파가 ISL에게 월드컵 마케팅 권리 독점을 보증함으로써 그들의 급한 재정난을 도와주는 내용이었다. 2011년 5월 공식 파산선고 뒤 열린 기자회견에서 블래터는 ISL의 재정난에 대해 처음 듣는 듯한 표정을 지었다. 그의 라이벌인 요한손의 질문에는 본격적으로 문제가 드러나기 시작한 2월 전까지는 위기 상황을 전혀 몰랐다고 잡아뗐다. ISL의 재정위기를 알아챈 피파 사무총장 젠루피넨이 제안한 특별감사를 끝까지 거부해왔던 블래터였다.

피파는 어쩔 수 없이 관련 임원들에게 피해보상비 1억 6,600만 프랑을 청구했다. 그러나 실제적으로 피파 수뇌부는 보상비를 받을 마음이 없었다. ISL과 깊게 이어진 연결고리는 조사과정에서 들통날 것이고 이는 결국 제 얼굴에 침 뱉는 격이었기 때문이다. 결국 파산관리위원회와 협약을 통해 피파가 250만 프랑만 보상받는 선에서 사건은 종결되었다.

마스터카드, 비자와 이중계약

어떤 비리 의혹에도 좀처럼 끄떡하지 않는 피파가 공식적으로 KO 당한 사건이 있었다. 원인 제공자는 ISL 파산 처리 과정에서 피파와 연줄이 닿은 비방디 그룹 소속 제롬 발케였다. 피파는 ISL의 남은 직원들을 데려와 연맹 내부에 독자적인 마케팅 부서를 만들었고 발케를 책임자로 내정하면서 이 모략가와 피파의 인연이 시작되었다.

마스터카드는 2005년 이전에 이미 2010, 2014 월드컵의 상업적 권리를 지니고 있었다. 2006년 3월에는 새 스폰서 계약안을 제시해 피파는 1억 8,000만 달러(약 190억 원)의 지원을 약속받았다.

이 무렵 피파는 무슨 바람이 불어서인지 비자와도 스폰서 계약을 시도하고 있었다. 특히 비자가 피파와 마스터카드의 거래를 알고 있었음에도 마케팅 부서 책임자인 제롬 발케는 앞장서서 일을 진행했다. 블래터는 비자 회장 크리스토퍼 로드리게스를 취리히로 직접 초대해 만찬을 즐겼고, 동시에 발케 역시 스폰서 책임자를 접대했다. 물론 마스터카드는 두 조직의 접촉을 전혀 몰랐다. 새 스폰서 계약서에 잉크가 마르기도 전에 피파 수뇌부는 비자를 새로운 스폰서 파트너로 제시했다. 비자 역시 1억 8,000만 달러의 지원 능력이 있으며 새 거래를 통해 1,500만 달러의 추가 마케팅 가치가 따른다고 발표했다. 그리고 마스터카드와 계약을 파기하기 위해 적당한 명분을 찾기 시작했다.

블래터는 2000년대 초 마스터카드와 가졌던 로고 분쟁을 이용했다. 당시 마스터카드의 로고인 '노랑, 빨강 두 원'과 피파의 '남반구, 북반구'가 모양이 겹친다는 내용으로 두 단체 사이에 사소한 다툼이 있었다. 이런 사실을 전혀 몰랐다는 듯 호들갑을 떨며 블래터는 계약을 해지하려 했고 마스터카드 회장 로버트 셀랜더는 피파에 소송을 걸었다.

미국 뉴욕 맨하튼의 남부지방법원에서 열린 분쟁 싸움은 피파에게 전적으로 불리했다. 일방적으로 계약 파기 행각을 벌인 쪽이 피파였기 때문이다. 조사 과정 중 피파가 계약서를 날조했다는 사실도 추가로 드러나면서 분위기는 급격히 마스터카드로 기울었다. 비자가 제시한 원본 계약서의 날짜는 2006년 4월 6일이었지만 피파가 내놓은 계약서의 날짜는 2006년 4월 3일이었다. 안에 들어있는 비자 회장의 서명 역시 원본과 전혀 달랐다.

더 많은 비리가 터지기 전에 피파는 사건을 마무리 지어야 했다. 재빨리 두 가지 조건을 제시함으로써 마스터카드의 분노를 달래줬다. 첫 번째는 9,000만 달러(약 980억 원)의 배상금 지불이었고 두 번째는 '남반구, 북반구' 로고 포기였다. 이후 두 지구본의 실종에 대해 블래터는 "단순한 시기적 우연일 뿐 마스터카드와는 전혀 관계가 없다. 예전부터 계획된 개혁 시도의 일부분이다."며 변명을 늘어놓았다.

▲ 문제를 일으킨 두 원의 모양

이 사건 후 2006년 12월 피파는 발케와 측근 세 명을 파면했다. 성명서도 제시해 이 결정이 절대 번복되지 않을 것임을 밝혔다. 그리고 6개월 뒤 블래터는 발케를 피파로 다시 불러들여 사무총장으로 임명했다.

Episode5

⟨페어플레이를 외칠 자격⟩

"왜 피파는 그토록 '페어플레이(fair play)'를 강조할까?"라는 질문을 받았다. 무어라 말해야 좋을까. 국제축구연맹 피파는 스포츠의 기본 정신인 '정당함'을 말할 의무가 있어서? 혹은 '축구를 통한 세계 평화와 정의에 기여'라는 자신들의 상징적 문구를 실현하기 위해. 이것도 아니라면 마지막, 딱히 생각은 안 나고 '사회정의'만큼 내세우기 만만한 주제도 없으니까. 여전히 답이 시원찮다.

세계인의 축제라 불리는 피파 월드컵이 2014년 브라질에서 열렸다. 한데, 말 그대로 잔치 한마당인 이 행사에서 이상한 소리가 들렸다. 월드컵을 기념하는 폭죽 소리는 아니었다. 바로 최루탄과 장갑차 소리였다. 그리고 저 반대편에 브라질 국민들이 마주 서 있었다. 무장한 정부군과 일반 국민으로 구성된 시위대는 격렬히 부딪혔다. 당시 브라질 국민의 월드컵 개최 지지율은 48%로 절반에도 미치지 않았다.

국민들의 월드컵 반대 이유는 간단했다. 월드컵을 담보로 국민들이 감당해야 할 희생이 너무도 컸기 때문이다. 브라질 정부가 월드컵을 위해 지출한 세수는 약 13조 원이었다. 이 과도한 지출에 원래 문제였던 높은 물가상승률이 더 심각해졌고 사회적 병폐였던 빈부격차와 실업난은 깊은 수렁으로 빠졌다. 경기가 열린 주요 도시의 하루 숙박비용은 우리 돈으로 최소 30만 원을 웃돌았으며 상파울루와 마니우스 구간을 잇는 항공료는 매주

2~3만 원씩 인상했다. 더불어 경기장 주변의 지대비가 치솟아 빈곤층은 안 그래도 살기 힘든 판에 집까지 빼앗기고 말았다.

▲ 피파 본사를 응징한 분노의 페인트칠

실질적 이득은 언제나 개최국이 아닌 피파의 몫이다. 2010 남아공 월드컵 수입만 33억 달러(약 4조 5,000억 원)였다. 특히 수익의 영원한 보증수표인 중계권료는 매년 이유도 없이 급등한다. 미국의 투자은행 골드만삭스는 지난 2010년과 2014년 한국이 월드컵 중계권료를 사기 위해 무려 1억 400만 달러(약 1,500억 원)를 지출했다고 분석했다. 이 독점 중계권을 따낸 SBS 방송사는 2002년, 2006년 월드컵에 비해 무려 117%나 높은 중계권료를 지불해야 했다.

고인 물이 그러하듯 철밥통 자리인 피파 임원직은 이미 썩을

대로 썼었다. 피파 월드컵을 세계 최고의 흥행 사업으로 발전시킨 주앙 아벨란제 전 회장은 스포츠마케팅회사인 ISL과 거래에서 1992년부터 1997년까지 최소 1천 270만 프랑(약 150억 원)의 뒷돈을 챙겼다. 피파 임원이자 아벨란제의 사위였던 테이셰이라 역시 마찬가지였다. 피파 임원직을 그만두기 전까지 950만 달러(약 104억 원)를 챙겼다. 특히 얼마 전에는 테이셰이라가 월드컵 개최지 선정에서 카타르를 도운 대가로 딸 안토니아의 통장을 통해 200만 파운드(약 34억 원)를 받은 사실도 드러났다.

현재 권좌에 있는 제프 블래터는 언급할 필요도 없을 것이다. 피파 임원들과는 상의도 없이 마음대로 거래를 체결하고 돈을 주무르는 블래터의 권력은 이미 도를 넘었다. 비리를 묻지 않고 자신을 곱게 보내준 대가로 아벨란제가 블래터에게 약속한 특별 상여금만도 최소 1천만 프랑(약 110억 원)에 이른다. 최근 마이클 가르시아 피파윤리위원회 수석조사관이 작성한 430쪽 짜리 보고서를 42쪽으로 간추려 발표한 정황도 수상하기 이를 데 없다. 축소된 자신의 보고서를 보며 분을 참지 못한 가르시아 조사관은 단번에 피파 자리를 박차고 나왔다. 자료를 모두 공개하면 피파 자체 규정뿐만 아니라 스위스 법률까지도 위반한다는 블래터의 말 속에 숨은 진실은 무엇일까.

이쯤 되니 처음 질문에 답할 수 있겠다. 피파가 여태껏 '페어플레이'를 강조한 데는 일종의 자기반성이 숨어 있었다. "도둑이 제 발 저리다"는 말이 있지 않은가. 양심은 있는지라 괜히 찔렸던 게다. 이런 마음 씀씀이가 있을 줄은 미처 몰랐는데 이제야 시원스레 정답을 찾은 것 같다.

후문

미생(未生)

　미생은 바둑 용어로 완전히 죽은 사석(死石)과는 달리 소생할 여지가 있는 돌을 지칭한다. 얼마 전 드라마 미생이 절찬리에 종영되었다. 이미 인정받은 원작 만화였던 미생은 스크린 화면에서 다시 한 번 힘찬 생명력을 얻었다. 평범하기 그지없지만 그래서 더 와 닿았던 드라마 속 우리네 모습을 보며 한국의 모든 미생은 고단한 삶을 위로받았다. 나 역시도 그 중 한 명이었다.

　책이 좋았다. 자연스럽게 국문학을 전공하게 되었고 여러 문학 작품을 통해 사람과 삶을 공부했다. 시간이 지나 조금 더 구체적인 미래를 정해야 했다. '축구도 좋아하니 글과 축구를 같이 즐길 수 있는 일을 하자.' 이십대의 들머리부터 품었던 축구전문기자는 당장 쟁취해야 할 대상이 되었다. 이를 이루기 위해 일 년여 동안 이런저런 공부와 언론사 시험을 거쳤고 다행히 원했던 기자의 신분으로 인천아시안게임에서 일할 수 있었다. 힘든 만큼 보람도 컸던 시간이 지나갔고 한 가지를 깨달음이 남았다. '기자라는 옷은 내게 어울리지 않는다.'
　기자는 '눈은 예리하게, 몸은 둔하게' 하는 능력이 필요했다. '이 몸이 죽고 죽어 일백 번 고쳐 죽어, 백골이 진토 되어 넋이라도 있고 없을' 지경이 되어도 둔해질 수 없는 신체를 타고난 몸이 그저 애달플 따름이었다. 축구계 대표 유리몸 하그리브스가 남의 일이 아니었다.

사실 몸이 안 받쳐줘서라는 말은 반농반진이다. 무엇보다 글 쓰는 일 자체에 더 욕심이 있음을 알게 되었다. '여기서 어떻게 썼어야 했는데. 이 문장을 쓰면 훨씬 나았을 걸.' 쓴 글의 잔상이 사라지지 않았다. 기자는 기사를 편집실에 보내는 순간 이를 마음에서 떠나보낼 줄 알아야 한다. 그리고 다른 기삿거리를 위해 뛰어야 한다. 잘 알지만 할 수 없었다. 글이 더 좋았기 때문이다.

이맘때였을 것이다. 예전부터 좋아했던 영어와 함께 독서, 글쓰기 모두를 버무려 놓을 수 있는 대안이 떠올랐다. 집에 돌아온 뒤로 번역 관련 도서만 뒤지며 한 달 여를 보냈다. 마침내 '작가+번역가=나의 미래'라는 공식에 믿음을 갖게 되었다. 글로써 하고 싶은 일이 많아졌다. 의미 있는 작품과 지식을 전하며 세상이 한층 더 성숙해지는 데 기여하고 싶다. 여유가 생긴다면 이름 석 자를 걸고 창작도 하고자 한다. 먼 미래에는 '메멘토, 다크나이트, 인터스텔라'를 쓴 조나단 놀런처럼 무게감 있는 시나리오 작가가 되길 소망한다.

습작인 만큼 도와준 이들이 더욱 기억에 남는다. 먼저 집필을 연계해준, 축구 전문 기자이자 친구인 박재림 군이 가장 먼저 생각난다. 공부와 병행하느라 마감이 늦어졌음에도 싫은 내색 한 번 안 하신 출판사 김명석 대표님과 인천에서 닿은 기회로 좋은 말씀 해주신 유병철 헤럴드 스포츠 편집장님에게 감사하다. 더불어 본의 아니게 많은 자료를 제공해주신 여러 작가와 기자, 블로거도 놓쳐서는 안 될 분들이다. 남들보다 조금 더 오래 공부하는 친구를 둬서 시시때때로 맛있는 것 사주러 들르는 지인들에게도 고맙다. 일일이 거론할 수 없지만 스쳐 지나간 인연들도 고맙다. 무엇보다 쓸데없이 욕심이 많아 자꾸 신경 쓰이게 해도 하려는 일 끝까지 믿어주시는 가족에게 한없는 은혜를 느낀다. 물론 늘어나는 잔소리는 감당해야 할 몫이다. 부족하기 짝이 없는 이 책을 끝까지 읽어주신 여러분이 마지막 감사의 대상이다. 처음 책을 쓰려 했을 때 들었던 "내가?"라는 의구심은 이제 "내가!"라는 확신으로 탈바꿈했다. 모두 여러분 덕분이다.

스티브 잡스는 생전 미 스탠포드대학 졸업식에서 'Connecting Dots'라는 내용으로 연설한 적이 있다. 진심으로 꿈을 좇으며 경험이라는 소중한 점을 새기다보면 훗날 이것이 모여 당신을 이끌어줄 길이 된다는 내용이었다. 미생인 나는 완전한 수를 놓기 위해 여전히 움직이는 흑돌이다. 인생이라는 바둑판에 새기는 이 모든 점이 하나로 어우러져 미래를 인도해주리라 믿는다. 부디 여러분의 한 수에도 같은 행운이 깃들길 바란다.